英语翻译教程与理论实践研究

曲秀莉 著

天津出版传媒集团
天津科学技术出版社

图书在版编目（CIP）数据

英语翻译教程与理论实践研究 / 曲秀莉著. -- 天津：天津科学技术出版社, 2024.6
　　ISBN 978-7-5742-2142-0

Ⅰ. ①英… Ⅱ. ①曲… Ⅲ. ①英语 - 翻译 - 教材 Ⅳ. ①H315.9

中国国家版本馆CIP数据核字(2024)第096249号

英语翻译教程与理论实践研究
YINGYU FANYI JIAOCHENG YU LILUN SHIJIAN YANJIU

责任编辑：刘　颖

出　　版：	天津出版传媒集团 天津科学技术出版社
地　　址：	天津市西康路35号
邮　　编：	300051
电　　话：	（022）23332372
网　　址：	www.tjkjcbs.com.cn
发　　行：	新华书店经销
印　　刷：	河北文盛印刷有限公司印刷

开本 787×1092　1/16　印张 10.5　字数 220 000
2024年6月第1版　2025年1月第1次印刷
定价：68.00元

前　言

随着我国改革开放成果的逐步深化和加入世贸后对外交流层次、领域的不断延伸拓展，英语在人们日常工作、学习和生活中的作用日趋突出。受国际大环境的不断冲击和影响，社会各层面、各行业对大学毕业生英语综合应用能力的要求越来越高。但是，从当前英语教学现状来看，重视听、说、读，忽视写、译的现象比较普遍。翻译教学一直是英语教学中的一个薄弱环节。现在所有英语教材，几乎都没有全面系统地介绍翻译知识、翻译技巧，有的只不过是少量单句或段落的翻译练习。因为考试不怎么考，教材不系统编，这自然而然地导致了教师在课堂教学中"不讲"，或者直接忽视培养训练学生翻译能力的现象，同时，学生本身也不重视翻译教学。

人们普遍认为，只要懂点英语，加上一本词典就能做翻译了。在英语界始终存在一种观点，认为只要阅读量足够大，阅读能力和词汇知识都会随之提高和扩大，翻译就不成问题了。但事实并非如此。许多学者指出的课堂上教师使用的方法——翻译的单一教学方式和英语课本上的翻译练习根本不能称其为真正意义上的翻译教学。可见翻译不仅应被视为一项综合技能，而且应被视为英语教学的目的之一。对英语教学中翻译教学的重视，反映出翻译不但可以作为直接检测学生对知识理解程度和掌握程度的一种有效手段，而且可以成为跨语言活动的必备技能。

目 录

第一章 英语教学概论 ·· (1)
   第一节 英语教学改革 ·· (1)
   第二节 英语素质教育 ·· (11)
   第三节 英语教学文化差异 ·· (16)
   第四节 英语教学现状与发展 ··· (21)

第二章 中西方翻译发展历程 ·· (27)
   第一节 中国翻译发展历程 ·· (27)
   第二节 西方翻译发展历程 ·· (31)
   第三节 对翻译的不同观点 ·· (34)

第三章 翻译研究概述 ·· (39)
   第一节 翻译理论 ·· (39)
   第二节 认识翻译 ·· (42)
   第三节 翻译的价值 ··· (45)
   第四节 翻译研究的途径 ··· (46)

第四章 英语翻译策略 ·· (51)
   第一节 翻译策略的特征 ··· (51)
   第二节 翻译策略的要素 ··· (54)
   第三节 翻译策略的构成 ··· (56)
   第四节 翻译策略分类 ·· (57)

第五章 英语教学中的语境与翻译 ·· (66)
   第一节 语境类别 ·· (66)
   第二节 语境与翻译 ··· (80)
   第三节 语境层次 ·· (98)

第六章 英汉语对比与翻译 ··· (101)
   第一节 英汉语言对比与研究 ··· (101)

第二节　英汉语言的文化差异 …………………………………………（113）
　　第三节　英汉语言的对比翻译导论 ……………………………………（122）
第七章　英语翻译教学的新模式 ……………………………………………（130）
　　第一节　中国英语翻译教学现状 ………………………………………（130）
　　第二节　国内外大学翻译教学模式研究 ………………………………（138）
　　第三节　以学生为中心的英语翻译教学 ………………………………（152）
　　第四节　翻译教学中跨文化意识的培养 ………………………………（156）
参考文献 ………………………………………………………………………（160）

第一章 英语教学概论

第一节 英语教学改革

  大学英语教育改革是我们一直的在寻求的东西，我们现在的教育都提出了大学英语教育的质量教育教学，对于我们的大学的英语教育教学存在的问题，我们应该反思和探索，我们就我们所在的大学来讨论下我们现在的大学英语存在的问题。我们的大学英语教育应该以人为本，我们的大学英语教育应该是让我们的学生们有掌握英语的基本技能之外，更重要的是要有学习英语的能力，让我们的学生们有去主动学习英语的兴趣。让我们的学生们有分析和解决问题的能力那才是我们的教育的最终的目的。所以我们的大学英语教育的宗旨就是一切以人为本，等等。

  我们的课程的构建就应该是以人为本，课程的构建课程的内容等都应该是按照我们的学生们的能力的培养和素质的提高为中心。我们现在的计算机技术和多媒体技术应该在教育上有所应用，这些技术的应用是我们英语教学改革的基础，我们的传统的教学方式已经落伍了，我们以前的教学方式没有一个语言的模拟环境，所以我们的学生们英语的实际应用能力真是很差的。如今我们的计算机网络环境就是给我们提供了一个语言模拟环境，我们在网上有英语角，有英语的聊天室，给学生们一个交流的机会，而且不受时间、地点、天气等的限制。网络技术也给我们的英语教学也提供了很大的方便，我们可以利用网络去查找我们需要的各种英语知识，我们可以通过网络和外国人聊天，可以直接锻炼我们的英语实际应用的能力、我们查资料的能力，这有我们的思考能力和自学能力。我们可以通过网络来丰富我们的英语的同时也开阔了我们的视野，我们也可以通过网络去了解我们所学英语的背景的知识，让我们对背景知识的获取更加及时。

一、大学英语教学改革取得的成绩

（一）大学英语教学改革赢得更多支持

大学英语教学改革是我国高等学校教育质量与教学改革工程的一项重要内容。这次改革任务艰巨，是对整个教学体系进行的重新构建，引起了全社会的广泛关注：随着网络教学而来的是教学观念、学习方法、师生关系等多方面的变革，教师和学生都需要重新定位，适应新的教学环境，扮演新的角色，角色转变的快与慢、好与坏，直接影响着网络环境下的学习效果。

改革之初，难免会遇到各种各样的难题在以往的调研中，我们发现一些学校对大学英语教学改革持怀疑态度，观望等待多于行动一些教师对新教学要求、新教材、新教学模式有种种不适应，出现被动局面如：改革之初，教师工作量增加，学校管理机制跟不上，使得部分教师对改革有情绪；一些学生缺乏自觉性，在网上玩游戏、聊天，部分学生还在考试时利用计算机技术作弊。这些都给改革带来了很大的压力。

大多数试点高校的领导、教务处深刻领会教育部有关大学英语教学改革的指示精神，充分调动试点教师的工作热情、积极性和创造性。在调研中，我们真真切切听到一些教师说企盼使用多媒体及网络的教学改革已经很多年了。改革之初，他们忘我工作，勇于探索，付出了别人所体验不到的艰辛，更新了教学理念，加强了专业知识和多媒体知识的学习，加强了科研意识随着改革成果的逐步显现，一些对改革持怀疑态度的教师逐渐转变了观念，不断加入改革的队伍中，扭转了改革之初怀疑多、阻力大的不利局面。如，北京某大学的大学英语教学改革试点研究紧紧围绕着以提高学生听说能力为主这一重点，在不增加课时和师资投入的情况下，采用基于网络的多媒体课件教学模式；他们采取整体抽样的方法选取学生样本，采取自荐和考察的方法选取教师样本，对新、旧两种教学模式进行对比研究通过对学生的前测和后测，通过实验前和实验后对学生和教师的问卷调查，部分验证了研究初始的假设。此外，在新的教学模式引导下，学生能适时地调整自己的学习方法和学习策略，大大加强了学生学习自主性。教师也从单一的以传授语言知识为主的课堂教学模式，转向以语言知识传授、学习方法和应用技能指导的，课堂教学与学生自主学习相结合的教学模式上来对此，学生普遍欢迎，他们感到自己学习英语的兴趣增强了，听说能力也获得不同程度的提高。学生的表现极大地激励了教师的教学。因而该大学认为非常有必要将研究进一步深入下去，进行深层次的实验，同时开展相关拓展项目的研究，相信将会得出更可信、更科学的结论随着改革的推进，各个层面的问题逐渐迎刃而解。对于引进现代信息技术进行大学英语教学是一些教师多年的心愿，他们认为改革是时代的要求，是一次改变传统教学体系的契机，对国家、对学生都有好处，他们以极大的热情积极投身于这次大学英语教学改革之中，进行网络环境下大学英语新教学模式实验研究。

这次大学英语教学改革得到了学生的普遍欢迎。网络环境下的英语学习不仅给他们带来了从未有过的紧密的师生关系、图文声像并茂的学习资源、形式多样的课内外教学模式，而且调动了他们的学习积极性，提升了自主学习的能力，培养了良好的学习习惯，同时扩展了知识视野、提升了文化修养、提高了英语综合应用能力。参加试点的学生在近几年的全国英语竞赛中频频获奖，取得优秀成绩。在调研中，学生对改革的支持高于教师。改革使英语基础好的学生有了很大的发展空间，向更高的层次迈进，也使基础差的学生在教师分级教学中得到有效提高，增强自信。学生喜欢形式多样、能施展自己才华的课堂活动。有些学生还积极参与改革，为教师献计献策。上海交通大学自课程实施改革以来，学生网上评教结果显示学生对大学英语课程的满意率有了较大提高，达到了86.79%，在全校的公共基础课、两课等课程中位居第一，一大批试点高校的大学英语教师在学生网上评教中名列前茅。

（二）大学英语教学改革规模迅速扩大

在调研中，我们看到大学英语教学改革正处在国家推进、重点突破、全面展开的进程之中，并取得了积极的成效。大部分试点院校经过两年多的改革实践，取得了较好的效果，进一步扩大了规模。如北京理工大学、北京交通大学、北京化工大学、北京林业大学、武汉大学、西南大学、大连民族学院等部分试点高校在新生中已经全面实现网络环境下的大学英语教学模式。西北工业大学、北华大学、山东大学、东北大学、南开大学、解放军信息工程大学、首都经济贸易大学等高校都在新生中进一步扩大了规模。

（三）大学英语教学改革的实施基本解决了多年存在的问题

1.改革了以教师为中心的旧模式

改革了以教师为中心的旧模式，更新了教学观念，英语学习策略得到广大教师的重视。基于计算机和网络的教学为教师在英语教学中所扮演的角色提出了重新定位的问题。教师由知识的传授者转向学习的参与者、指导者、促进者，由教材的被动使用者转向新课程的主导者、塑造者，由面向全体学生转为面向全体与面向个体相结合，这为教师提供了更为广阔的进行教学探索和教学创新的平台，对深化高校大学英语教学改革、提高教学质量具有决定性的作用。

2.解决了长期以来大学英语教学实际上不被重视、大学英语教师的地位尴尬

的局面

  为进一步提高教育质量，适应新时期的需要，教育部提出了"巩固、深化、提高、发展"的方针，加大了对大学英语教学改革的领导力度。高校领导对此次改革高度重视，加大投入，充分调动大学英语教师参与改革的积极性和创造性，并给予他们施展自身才华的空间，把现代教育技术手段引入大学英语教学。大学英语教师的地位在这次改革过程中得到空前提高，他们通过努力展示了自身的创新能力、教学能力、科研能力和组织能力等各种潜能，取得了喜人的成绩，得到学生的认可。

  3."牵一发而动全身"

  引进现代教育技术进行大学英语教学，使过去单一、陈旧的大学英语教学理念、教学模式和教学方法等都发生了巨大变革。现代教育技术为我们提供了克服传统教学弊端的全新教学方式，使抽象的、枯燥的学习内容转化成形象的、有趣的、可视的、可听的动感内容，大大激发了学生学习英语的兴趣，加大了教师的教学密度，提高了学生的学习效率。

  第一，解决了过去传统教学一本书、一支粉笔、一台录音机落后的单一教学模式问题。

  第二，解决了过去教师严重短缺、教师疲于上课的问题。采用新的教学模式后，把重复性的教学内容放到网络上，减少了任课教师重复性教学工作，大多数学校的面授课时因此都有了不同程度的减少，教师每周授课时数一般减少了2~4节不等。一些学校因此取消了招聘师资的计划，其中聊城大学节省师资近30人。现在英语教师除了上课以外，还能有时间和机会参加培训、学术交流、进修以及科研活动。

  第三，新的教学模式解决了英语教学受时间和地点限制的问题。学生利用电脑和网络可以随时随地进行学习，可根据自己的水平和需要，自由选择不同的级别的学习材料，可以根据自己学习的效果调整学习进度和难度，教学实践和场所实现了弹性化。

  第四，解决了过去教材单一性的问题。教师根据学生特点和需求，自由选择既经典实用又具有时代感的教材，教材的多样性、多元化极大地丰富了教学内容。

  第五，实行分级教学，对基础不同的学生给予有针对性的指导，体现了个性化教学的特点。新教学模式的引入使个性化教学进一步深化，为高校的分级教学、高级课程教学等带来新的发展契机。

  第六，在一定程度上解决了过去存在的应试能力强，实际应用能力弱的问题。高校根据《大学英语课程教学要求（试行）》，改变了教学目标，摆脱了传统的知识型学习方式，以技能性学习方式为重点，由以阅读为主转向以听说为主，全面提高学生用英语在本专业领域的口语和文字交流等综合应用能力。

第七，教学规模得到有效控制。改变了以往大班上课，教师和学生缺乏交流，教师自顾自地教，学生逃课、上课睡觉严重的现象。高校在进行多媒体教学改革的过程中，实行多媒体读写译大班授课（50~80人），听说小班面授（30人左右）。

第八，解决了原有的考试评估体系仍然侧重测试学生的掌握性技能，而不是创造性技能的问题。在改革过程中改进并完善了测试与评价体系，尤其要重视形成性评价，加强对学生在学习过程中语言应用能力发展情况的检测，建立多样化的评价体系，从原来的以评价语法、阅读、理解为主转变到以评价学生的听说能力及英语综合应用能力上来，从原来单一测评教学结果逐步转向教学全过程整体监控和评价上来，充分发挥其引导大学英语教学改革的作用。四、六级新题型的出台也对推动新教学模式起到一定的作用

（四）大学英语教学改革工作正在全面推进

大学英语教学改革在建立了新教学模式的基础上向更深层次迈进。为进一步扎实推进我国大学英语教学改革，试点高校在规模发展的同时，还高度重视提高教学质量。在构建网络环境下英语教学模式的基础上，开始重点研究基于计算机和网络的英语视听说课教学模式、网络教学环境下口语平台的搭建、网络环境下自主学习能力的培养等。在实践中不断产生新的思路，不断丰富和创新出更多切实有效的措施。

北京理工大学在获得国家级教学成果一等奖之后，管理更加严格、规范、灵活、到位。学校为保证课堂教学质量，开拓中国教师课堂实践的新思路，并针对中国教师在课堂实践环节缺欠灵活多样，专门聘请语言协会的外教对教师进行课堂设计指导，引导教师在课堂教学实践中与学生互动。学校还每年出资10万，送5至6名教师到新英格兰攻读学位。加大集体备课力度，扎实推进精品课程建设。

山东大学为帮助入校新生转变传统学习观念，树立自主学习意识，尽快了解大学学习的要求和步骤，开设了"先导课"为了使"先导课"的开设确有实效，把它编成一个单元，着重突出指导性、教育性、参与性、趣味性。"先导课"收到良好的效果，教师和学生对这一课程的反响热烈，对改变学生的学习观念和方法起到了指导作用。它使学生对以现代网络技术为依托，以学生为中心，全面提高英语综合能力特别是视听说能力的新教学理念有比较清醒的认识，对保证课堂教学质量起到了一定作用。

北京化工大学使用新时代交互英语软件系统，在原来试点的基础上，全面推行基于计算机和网络的视听说课的教学模式，深受学生欢迎他们将传统课堂教学

模式与网络环境下的大学英语教学模式紧密结合,取得一定效果。为防止有些学生在网络自主学习过程中流于形式,他们将自主学习软件中的学习材料收集出来变成题库,供教师经常性地组织随堂小测验,然后用计算机阅卷的方式检验学生是否真正自主学习,学习效果如何。他们的口语测试采取人机口语测试形式,考试地点在语音教室,考试时间大约30分钟,学生人数一次60人,考试范围就是新时代交互英语的学习内容,将视听说、读写译学习内容整合,按一级水平出题,事先不给定范围,20个短语对话、一个话题(准备时间5分钟),考试结束,将学生答案刻录成光盘,教师计算机阅卷。这种口语测试的方法大大节省了学生的时间,教师实际工作时间与过去一对一的口语考试相比也有所减少,最主要的是阅卷时不受时间地点的限制,有一定借鉴价值。

北京交通大学把英语角变成一门实践课,按课程进行设计,在举办丰富多彩、形式多样的课外活动的同时,专门由教师对学生进行组织管理,教师提出思路,让学生骨干自主创新,开展一些学生喜爱的语用活动,并给教师计算工作量。还有一些高校同样在探索实践中积累经验,在教学指导思想、课程建设、教学管理和教学评估等方面进行了更加深入的探索和尝试,不断推陈出新,细化教改措施,不断寻求完善网络教学模式最佳途径

(五)重视对英语教学的理论研究

大学英语教学改革不仅给教师提供了施展自身才能的广阔空间,而且为他们教学科研能力的提升打造了平台。网络环境下的大学英语教学改革旨在将传统课堂教学与现代信息技术结合起来,构架新的大学英语教学模式,探索如何利用先进的现代教育技术,提高我国大学生综合应用英语的能力。这次大学英语教学改革改变了过去大学英语教师凭经验教学,"跟着感觉走"的习惯。高校的试点项目以应用教育技术和教育研究方法等教学理论为指导,以翔实的第一手资料为基础,以实验为支撑,在教学的各个方面及各个阶段的总体规划和具体实践当中,以贯彻《大学英语教学要求(试行)》为原则开展工作。自大学英语教学改革在全国高校实施以来,提高了广大教师积极进行教学与科研工作的积极性,在较短的时间内实现了教学设计、网络教学模式等方面的创新。

网络多媒体教学改革试点的实验研究也取得了一定成果。目前,全国大学英语教学改革项目已有604项。这是中华人民共和国成立以来政府部门对英语教学资金投入最多的一次,是大学英语教师参与英语教育理论研究人数最多的一次大学英语教师在这次改革中科研成果比以往有了质和量的飞跃,发表论文的期刊层次和数量也超过了专业英语教师。他们的教学水平也有了大幅提升,在学生评教中成绩斐然。如,南开大学在大英教改中注重提高教师的科研能力,收集了国内

外语言学及应用语言学理论的最新研究成果近三千篇,对正在进行的英语教学改革的实施情况和效果进行分析评价,找出优势和不足,寻找问题的根源,并积极探索问题的解决办法为进一步推广新教学模式做出实证,一年来在核心刊物上发表了12篇文章,近三年共发表论文40篇,大学英语教学部还出版了第一部教学与改革论文集,其中《管理者胜任能力研究》和《英语教师能力提升》两篇论文入选"亚洲英语教师协会第三届年会"征文,并在会上宣讲。

二、大学英语教学改革取得的成功经验

(一) 学校、教务处领导高度重视,教改就成功一半

改革之所以能够取得显著的成效,与学校领导和教务处领导的大力支持分不开学校领导充分发动广大教师积极参与大学英语教学改革,强调与时俱进,转变教学理念,形成良好的改革氛围,是成功开展大学英语教学改革的前提。健全工作机制,加强领导,提供强有力的组织保障,是搞好大学英语教学改革的重要保证。

北京理工大学的领导大力支持大学英语教学改革,在整个改革进程中每个阶段各有重点、目标明确、衔接有序、稳步推进,科学有效地培养学生综合运用能力。教务部门也为大学英语教学改革解决了很多棘手的问题。

西北工业大学领导一直强调大学英语课程建设在全校发展,特别是长期发展中的重要作用,强调通过大学英语教学改革,培养学生的综合素质,充分体现"全人教育"的理念,进而实现整个校园教学的和谐与平衡发展英语教学改革采取领导负责制,各级、各部门领导进行任务分工,实现大学英语教学改革管理工作的权责明确、任务到位,以确保学校大学英语教学改革的顺利实施。校领导在政策导向、经费投入、科研建设、师资培训、教改奖励等方面给予了大力支持:该校目前全部大学英语课程都安排在本校设备配备最先进的现代化多媒体数字大楼进行授课,并进行全程授课录像,将其放在大学英语精品网站上供学生进行点播学习;该校两年内先后投资总经费达400万元,进行校园虚拟英语教学环境平台建设,通过自主网络精品课程开发、引进先进网络教学系统与测试系统,满足了学生英语学习的选择多样化、学习个性化的要求。

(二) 形式多样的培调工作为促进教学改革起到一定作用

教育部高教司组织的"大学英语教学改革与教学软件系统师资培训会",请清华大学出版社、上海外语教育出版社、外语教学与研究出版社和高等教育出版社对所开发的教学软件进行展示,请取得成效的试点院校对广大教师进行计算机和网络下的英语教学培训。各地教育行政管理部门及大学英语研究会纷纷举办大学

英语教学改革研讨会,如江苏省大学英语研究会多次举办经验交流会。江苏省有十三所高校参加了首批大学英语教学改革试点工作,获得了较为成功的经验,其中南京大学和东南大学的大学英语教学成果荣获国家级教学成果二等奖。

许多试点高校也以不同形式举办了全国大学英语教学模式改革研讨会。如北京化工大学积极承办相关会议,结合该校教学改革的经验,他们介绍了"三主一体"化的教学理念——"主线、主导、主体","一个中心、五个基本点"的管理机制,与其他院校交流,使其他院校受益匪浅。北京理工大学、北京交通大学等一些试点学校不仅平均每周都要接待前来调研的高校,还经常走出去进行大学英语教学改革的宣传,并介绍本校改革的情况。这些高校将自己成功的经验和教训无私地奉献给其他院校,为大学英语教学改革做出了应有的贡献。

四家出版社为配合大学英语教学改革,举办各种形式的培训,推广先进经验,搭建交流平台,不断改进教材及教学软件,并及时提供技术指导。

三、大学英语教学改革中有待解决的问题

(一)有部分高校和教师缺乏对大学英语教学改革的正确认识

第一,个别高校领导还没有看到计算机辅助教学在推进素质教育、提高人才培养质量方面的巨大作用,因而在资金和人力方面的投入不够,致使本校大学英语新模式的教学开展不起来,学生还在传统教学模式下学习。有一所重点大学,每年本科生有1800人,一年整个外语系的教学经费只有5万元,用于教材、教参、教学管理、专业学生活动、文具、办公用品等。尽管一线教师多次申请,积极要求进行教改,但学校仍缺乏重视,打击了教师投入教改的积极性。甚至有个别高校将教育部有关大学英语教学改革的文件置之不理,没有向一线教师传达,学校教师对改革的了解都是从校外渠道得知的。

第二,个别试点高校对《大学英语课程教学要求(试行)》的认识不深刻,没有认真贯彻实施,甚至偏离改革的指导思想,把教学改革的重点仅仅放在课程设置的分课型上,而忽视了网络环境下大学英语教学模式的探索。

第三,个别高校没有系统扎实地对教师开展培训,对大学英语教学改革的文件精神领会不深不透,知其然不知其所以然。造成一部分教师在理念上、教学环节上、技能上都跟不上改革的进程,从而对改革持消极态度,甚至误解,形成改革的阻力。

第四,还有部分高校对教师计算机知识普及不够,中老年教师能熟练使用计算机的很少,青年教师中的比例也不是很高,因此一些教师对现代教育技术有畏惧心理,拒绝使用多媒体等信息技术。特别是部分年岁较大的教师,担心先进的

教学设备取代他们的教学，工作量受到影响，个人的收入会减少。也有部分青年教师为了个人的职称和学历，把精力放在读博、写科研论文上，对教学方面的投入严重不足。

第五，个别高校大学英语教学部主任和有关领导没有直接进行多媒体和网络环境下英语教学新模式的课堂教学，在改革中对教师教学及学生状况等方面的认识存在许多盲点，从而对教学环节的衔接失去掌控能力，不能做出良好的判断和决策，有些教师在改革中由于工作不到位，造成一些学生对基于计算机和网络的英语学习持怀疑态度。

第六，教师的教学法研究能力整体上还不够强，水平还不够高，所掌握的教学法理论的系统性以及深度、广度还不理想，不利于理论与实践的有机结合，不利于改革取得更好的成效。

（二）大学英语师资状况不容乐观

第一，大部分高校的大学英语教师年龄、职称结构不够合理。大学英语教师中间层断档，一些老同志对新的教学模式有些力不从心，对现代教育技术学习积极性不高。年轻的教师缺乏教学经验。部分高校大学外语教研室得不到应有的重视，大学英语教师的水平还有待提高。

第二，部分高校领导不深入基层，对大学英语教学改革知之甚少，大学英语教师在改革之初工作量过大，没有应有的待遇和政策来保障。这次改革中所面临的压力和所付出的艰辛比以往要多。大学英语教学改革是一个浩大的工程，要构架新的教学体系，要与校内相关部门进行接洽，要衔接好每一个教学环节，要调动每一个参加大学英语教学改革教师的积极性。凡此种种，教师投入了很多精力，但是由于种种原因，有些高校对他们的工作不认可。

（三）教学改革不要走过场

改革不是一蹴而就的事，有个别高校缺乏对大学英语教学改革艰巨性的认识，缺乏对规模增长与学校基本办学条件、经费投入等相挂钩的计划性。领导的重视仅体现在资金、设备的投入上是远远不够的，在管理上还要下大功夫。有的高校不重视管理，致使改革中问题重重，改革的精神贯彻不下去，环节上失控，给改革带来极坏的负面影响，对改革本身，对学生来说极为不利。如，在一次调研中看到一个学校的口语测试，事先按级给定范围，题量过小，从开始进场到结束退场不到十分钟，学生回答问题时照着事先准备的答案"朗读"，没有起到真正检验学生口语技能的作用，学生对大学英语教学改革就会有想法。

（四）对自主学习能力差的学生引导不够

长期以来，我国学生大都接受的是应试教育、填鸭式教育，刚进入大学的他们，完全适应宽松、弹性的英语自主教学模式对有些学生而言是不太容易的。部分高校教师对学生自控能力的缺乏束手无策，埋怨多于引导。少数学生在网上聊天、玩游戏，不珍惜学校提供的良好教学资源，对公物不爱惜，将语音室的耳机带走或破坏，影响教学的正常进行。

四、对今后大学英语教学改革工作的建议

（一）加强领导，进一步推进大学英语教学改革

各地教育行政管理部门应该理顺大学英语教学改革的管理体制，高质量地完成大学英语教学改革的重要任务，要因地制宜，分类指导，分步推进，优势互补。各高校应提出进一步推进大学英语教学改革和发展的思路，促进本校英语教学改革不断创新；进一步完善改革方案，细化改革措施；坚持实事求是，从实际出发，加快大学英语教学的基本建设；切实解决大学英语教学改革中存在的突出问题，确保取得实效；改革人事制度、管理制度和分配制度，提高教师的教育教学和师德水平，激发大学英语教师的积极性和创造性，切实为提高大学生英语综合应用能力而努力。

高校领导应具有前瞻性、预见性，使改革的每个环节都具有可操作性，有调整的余地，很好地应对在大学英语教学改革过程中出现的新情况、新问题、新挑战，根本改变"费时低效"的英语教学状况。大学英语教学部主任要具备扎实的工作作风和凝聚力，坚定信念，不断进取，敢于突破阻力，切实做好大学英语教学改革的各项工作，使大学英语教学改革真正成为高等教育改革的突破口

（二）强化师资队伍建设，努力提高大学英语教师的英语水平和教学能力

大学英语改革是一个复杂的系统工程，高校要完善学科带头人加创新团队的新组织模式。拥有一个团结务实、拼搏创新的集体，是大学英语教学改革工作成功开展的决定因素；教师积极投入、求真务实、注重实效、肯于奉献、乐于探索、善于合作，是大学英语教学改革工作成功开展的重要因素；造就一支有较高思想道德和职业品格素质、科学文化素质、身心素质，相对稳定的大学英语教师队伍，是提高英语教学水平的关键要进一步提高大学英语教师的待遇和地位，增强大学英语教师队伍的吸引力要通过有效的培养培训，使现有大学英语教师的素质、能力和水平有一个大的提高。

（三）加强宣传功能，积极开展培训

调研中，我们发现还应充分利用各种媒体，加大大学英语教学改革的舆论宣传，以不同侧面的教学事例让更多的教师了解网络环境下大学英语教学的进展情

况以及成果，各级教育行政部门可以通过简报、网站等形式大力宣传改革的指导思想、热点及进展情况。高校也应将大学英语教学改革信息及时反馈给教育部大学外语教学指导委员会、大学英语教学改革联络办公室，以确保信息畅通。今后应将各种培训结合起来，完善信息交流平台的主渠道。及时、畅通、有针对性的经验交流，是加强大学英语教学的建设，确保改革稳步向前发展的有效途径；走出去、请进来，是增强大学英语教师信息素养、提高工作效率、少走弯路、快速推进教学改革的必由之路。

第二节　英语素质教育

对照《高中英语课程标准》，大学英语和高中英语的课程标准界限逐渐模糊；大学英语四、六级考试被逐渐淡化，已不再是强制性的统一考试，这一度使大学英语陷入了十分尴尬的境地，甚至有人认为大学英语教学已没有存在的必要。作者认为，现代社会不但需要大学英语教学，而且对它提出了更高的要求。

过去的大学英语教学是以语言教学为内容，多采用以教师为中心，单纯传授语言知识和技能的教学模式。而21世纪是一个国际化的高科技时代，这对人才的培养提出了更高的要求。不仅要求学习者掌握科学文化知识，具有实践运用能力，还需要具备正确的、科学的世界观、人生观，良好的思想道德素质等。因此，新的《大学英语课程教学要求》对大学英语教学提出了培养学生综合素质的要求，明确指出大学英语的教学目标："培养学生英语综合运用能力，特别是听说能力，使他们在今后工作和社会交往中能用英语有效地进行交际，同时增强其自主学习能力，提高综合文化素养，以适应我国社会发展和国际交流的需要。"大学英语不仅是一门学习英语语言的基础课，而且对于培养大学生综合素质有着不可轻视的作用。

作者认为，应将素质教育贯穿到日常的大学英语教学中，在帮助学生完成高层次英语知识积累的同时，更注重在教学过程中培养学习者的各种能力，提高学习者的综合素质。教育，除教书之外，更重要在于育人。

一、贯彻思想品德教育

以"应试教育"为主导的大学英语教学偏重于知识技能的传播，却忽视了心理素质和社会素质的培养。在这种模式下培养出来的学生脆弱，没有与时俱进的时代意识，缺乏社会责任感。大学英语是一门人文学科，教材中蕴含着丰富的思想内容，内涵深刻，启人深思，教师完全可以利用教材所营造的人文生态环境，不失时机地潜移默化地对学生进行思想品德教育。

《大学体验英语》（综合教程）第三册第八单元"Love and Friendship"中谈到了亲情、友情、爱情，教师可以利用课文教育学生们关心父母，尊敬他人，帮助学生们树立正确的爱情观、价值观和积极的生活态度。再如，世界面临的三大危机使得学生正在学习的第三册第一单元"Caring for Our Earth"具有鲜明的时代性，作者结合实际设计课程内容，并布置学生们就当前的环境问题设计制作PPT文件，上课时进行演示。在这一任务中，同学们广泛搜集资料，深入探讨问题。资料之丰富、视角之独特让作者称奇之后，同学们自发地在校园里组织了"保护珍稀动物拯救地球母亲"的签名活动，希望唤起大家的环保意识。通过学习，学生们真正把世界和自己紧密地联系起来，有了强烈的社会责任感和时代意识。

"厚德载物"，是亘古不变的人生信条。在教学中贯彻思想品德教育是教师的使命，培养和提高学生的综合素质是教育的目标。大学英语教师应利用好大学英语教学这一前沿阵地，为社会培养输送具有高尚道德情操的高素质人才。

二、培养综合能力

上海复旦大学蔡基刚教授在高等大学外语教学研讨会上提出，大学英语教学已进入了后大学英语教学时期，教师的角色、任务有所不同；大学英语应逐步重视隐性能力的培养。能力的培养是素质教育的核心。作者认为在大学英语教学中注重能力培养、贯彻素质教育理念孕育着无限潜能。如果教师有意识地在教学过程中逐步培养学生的综合性能力，则不仅有利于其学科知识的学习，更有利于其立足于社会后的持续性发展。

在日常教学中，教师应改进授课方式，设计教学内容，潜移默化地培养学生的各项能力。例如，通过介绍人类记忆的基本规律，讲解单词的构成特点，示范实用性的记忆技巧等来培养学生科学记忆的能力；利用阅读材料的篇章分析，类似题材的模拟写作等来加强学生分析和归纳总结的能力；运用课堂讨论、分角色对话演练、即时演讲等培养学生的听说及交际能力。其中，尤为重要的是对学生自主能力的培养。

在发展日新月异的今天，大学四年的学习无法给予学生一生所需的知识，那需要学生在个人的学习生活中不断地构建。正所谓"授人以鱼，不如授人以渔"。学生是学习的中心，是教学的主体；教师是协助者，应该在日常教学中利用网络资源、自主学习中心等为学生自主学习创造条件，充分发挥其指导性、激励性的特点，培养学生积极的学习态度，引导学生使用正确的学习方法、学习策略，培养学生提出问题、分析问题和解决问题的能力以及面对问题时独立思考的能力，使学生在积极主动的学习过程中，构建自己完整的人格。当学生们成功地具备学习自主性时，他们不仅成为更加优秀的学习者，而且也把先进的教育理念融入生活理念里，人才的素质大大提高。

大学英语不再是简单的学科教学，应着重强调在教学过程中对学生各种能力的综合性培养，提高学生整体素质，让大学英语成为素质教育的重要阵地。

三、提高人文素质

（一）人文素质的内涵

"人文"是一个涵盖广泛的概念。从现代意义上讲，"人文"主要是指人类在社会发展中，逐步形成的社会道德、价值观念、审美情趣和思维方式等人文素质教育的要旨在于培养人文精神，人文素质教育的过程就是育人的过程，它致力于用人类在漫长社会活动中所积累的智慧精神陶冶人、教育人，强调人的道德精神价值，注意对善和美的理解，引导人们求真、从善、爱美，使人能洞察人生的目的与意义，找到正确的生活方式，简单地讲，所谓"人文素质教育"，就是指培养学生人文精神，提高学生人文素质的教育。

（二）当代大学生人文素质的缺陷

1. 专业与教学的误区

当前大学过分强调专业，而忽视了对学生的人文教育。大学应该重视对学生人文知识的培养，提高大学生的人文素养，并且把这一理念贯彻到人文学科的教学当中，尤其是作为学习西方国家语言的大学英语教学当中，使大学培养的毕业生成为全面发展的人才，不仅具有解决实际问题的专业知识，而且有基本的文化修养在学会语言的同时，能开阔人生视野，拓展心智空间，有本学科扎实的学问，有广泛的兴趣爱好，丰富的社会阅历，具有良好的人文精神，而且具有较高的人生的境界。

2. 教学主体与客体的误区

传统的大学英语教学，教学方法相对单一，老师讲，学生听，记笔记，背单词，做作业，教师启发式教学、参与式的教学难度大，学生主动参与性不足。多数高校教师忙于完成教学进度和计划，师生共同忙于对付四、六级等语言过关考试。然而，毕业生面临的是择业和就业、读研深造等现实，职业市场对学生的英语水平要求相对很高。因而，改变英语教学针对性，变换教学手段，提高英语教学深度与广度，有效地提高学生实际应用语言能力，日趋成为语言教育工作者的使命。

3. 教学目标导向存在误区

在英语教学实践中，学生和老师大多围绕着各类英语达标升级考试的指挥棒进行授课和学习，没有为学生营造良好的英语语言实践氛围和应用环境，从而导致学生的知识结构畸形和各项技能的优劣不一。目前,多数学生学习英语还是为了应付四、六级以及研究生考试,毕业时许多学生虽有四、六级的证书,听、说、写的能力却比较差,这就是目前全国多数大学英语学习目标错位的现状。

(三) 通过大学英语人文教育培养学生人文素养的意义

1.在大学英语教学中实施人文素质教育有利于培养全面人才

21世纪培养的人才要具有进取心和创新精神,具有合理的知识和能力结构,具有竞争意识、效益意识、法律意识和国际意识,具有较高的人文精神和道德风貌。全面提高大学生的道德标准,培养既有科学素质又有人文素质的人才,已成为教育界的当务之急.

2.在大学英语教学中实施人文素质教育有利于推动大学课程改革

现代教师的教学方式已经由过去课堂枯燥灌输的教学模式,开始转向重视学生创新精神和实践能力培养,实施人文教学赋予了课堂教学新的内涵,这就要求教师变革教学观念,注重课堂人文教学,不仅要关注学生知识理解和消化方面的发展,而且要关注学生的思想情感和价值观的培养,引导学生在学习语言知识的过程中,培养大学生具有一定的社会责任感与使命感。

3.在大学英语教学中实施人文素质教育有利于开阔学生视野

外语学习不仅仅是学习语言本身,更重要的是,它是一种文化的学习。它涉及了目的语国家的历史、地理、制度、文学、艺术、音乐及生活方式的学习,同时也是一种世界观、价值观、人生观、审美观等的学习。在大学英语讲授与学习中,英语课本知识的讲授和获得固然必不可少,但是包括文化背景知识在内的课外知识的介绍和了解也不可缺少。教师向学生适时、适度地讲授并引入西方文化背景知识能开阔其视野,扩大其知识面,有利于培养高素质的英语人才。

4.在大学英语教学中实施人文素质教育有利于构建教学文化

人文素质教育要鼓励学生围绕人生目标,独立选择学习内容和学习方法,在独自探索知识的过程中去归纳总结规律,充满对知识的渴求,促进学生开展自主学习自信心的提升,迸发出智慧的火花,激发出创新的热情,从而也体现出教师劳动创造的光辉和人性的魅力.教师鼓励学生自己阅读、思考、探索、观察、创新,必定加深对获取知识深层次的理解,形成科学的世界观,同时教师尊重学生独立思考与自由表达的权利,学生的学习空间拓展到生活和社会的各个领域,有利于人生观和价值观的良好健全发展。

(四) 提高大学英语教学中人文素质教育的途径

1.变英语技能教育为全面素质教育

教师要深入学习研究《大学英语教学大纲》(以下简称《大纲》),明确《大纲》的各项具体指标，并在日常教学中抓好落实。要树立技能培养只是手段的思想，明确英语学习的最终目标是用英语进行交际并获取有关知识和信息，自觉地在教学实践注重学生语言能力的培养，坚持课堂教学以学生为中心，教育教学以"学习为中心"，运用英语教学逐步推进学生素质的全面提升。

2.改变学生思想状态，使人文教学有的放矢

一要通过查找并确认大学生人文素质的失落点，搞清楚大学生目前思想动向并进行分类分析研究，确定教育方向；二要发挥学生在课堂上的作用，打破以教师为中心的传统模式，在英语教学过程中，使学生成为课堂的主体，变被动的思想状态为主动的状态，积极主动地参与课堂教学，变"要我学"为"我要学"，大胆质疑，发表己见；三要发挥教师在课堂上的作用。对学生进行提问、分析、讨论、归纳总结等启发引导，培养学生运用创造性思维去独立思考的习惯，变被动接受为积极参与，变"知识传授"为"启发创新"。

3.开展内容丰富的第二课堂实践活动

在大学英语教学中提高人文素质教育，仅靠英语课堂上的时间是远远不够的，要积极寻求素质教育的多种形式，开辟英语第二课堂，开展形式多样的拓展活动，营造良好的英语实践和语言背景氛围，给学生介绍英语人文知识，并使其成为英语教学整个过程的一个重要环节。教师要有组织地开展英语广播、国外人文风俗、电影等教学活动，举办校园英语角及形式多样的英语竞赛等。同时利用现代化的科教手段，使学生在这些形式多样的活动中逐步感悟，并提高做人做事的自信和勇气，形成踏实的学术态度，高尚的做人理念，达到教育目的。

4.提高教师自身素质

一是作为一名英语教师要尽其所能地为学生们营造良好的英语环境。教师要尽量做到课堂用语英语化，有效地组织学生开展丰富多彩的教学活动；二是作为教师一定要坚持"严谨治学、身正为范"，并以此来感召和带动学生，做好自身的人文素质修养提升，为学生树立良好的风范，不断提高师德品质，以自己优秀的教师社会人格，影响并推进学生健全人格的塑造和全面素质的养成；三是挖掘大学英语教材中的人文知识，加以消化吸收并授之于学生。大学英语教材内容涉及面广，人文知识涵盖面广，借鉴发达国家学校教育中体现的"以人为本"的人文关怀等，都能给大学生以思考和分析借鉴，从而提升他们的思想素质。

综上所述，作为高等教育的一个重要环节，大学英语教学承载着人才培养的重要使命。在大学英语教学改革的关键时期，教师们应更新观念，与时俱进，构建新的教学模式，寓素质教育于英语教学中，实施由"应试教育"向"素质教育"的转轨，可谓任重而道远。在教学过程中，要发挥大学英语的教育功能，让学生通过语言实践活动去发展语言运用能力和交际能力；要充分利用现有的教学手段

和资源，营造良好的有利于交流的学习环境，以学生为主体，构建自主学习模式；利用教材丰富的思想内容和人文生态环境，提高学生人文素养和道德情操，让他们成为知识渊博，道德高尚的人。新一代大学生的知识水平和思想素质的高低决定着我们国家21世纪发展的走向，大学英语教学大有作为，我们大学英语教师要利用好这块阵地，培养真正适应未来社会发展要求的高素质人才。

第三节　英语教学文化差异

长期以来，在英语教学中语言和文化的这种关系一直未得到足够的重视。在教学实践中，似乎认为只要进行听，说，读，写的训练，掌握了语音，词汇和语法规则就能够理解英语和用英语进行交际。而实际上由于不了解语言文化背景，不了解中西方文化的差异，在英语学习和用英语进行交际中屡屡出现歧义误解频繁，语用失误迭出的现象如：用 How much money can you earn a month? 来表示对外国人的关心，殊不知这是一句冒犯的话，侵犯了别人的隐私（privacy），会激起对方的反感。由此可见，语言和文化是密不可分的，不了解外语的文化背景，就无法正确理解和运用外语。东西方的社会是在不同的基础上形成和发展的，所有人们的思想，信仰，习俗等都有不同程度上的差异。因此，我认为，在英语教学中，不仅要让学生掌握基础知识，而且还应当加强有关文化背景知识的传授，使学生了解中西文化的差异。这样不仅能使学生克服母语的干扰，养成良好的习惯，把英语学"活"，达到大学英语教学的目的，而且有助于学生集东西方文化于一身，提高文化修养。

一、中西方文化差异

（一）文化的产生及内涵

由于历史文化、风俗习惯、生存环境、宗教信仰等不同，导致了中西方语言存在着很大的差异，从而出现了文化学习与交流的多种困扰因素。要了解和掌握两种交际文化的差异，必须先从文化谈起，按照社会学家和人类学家对"文化"所下的定义，"文化"是指一个社会所具有的独特的信仰、习惯、制度、目标和技术的总模式。

（二）表现

早在20世纪20年代，美国语言学家Sapir在Language：An Introduction to the Study of Speech 一书中就指出："语言有一个环境，它不能脱离文化而存在，不能脱离社会继承下来的传统和信念"。要真正掌握一种语言就必须了解这种语言的特定社会背景，中西方文化差异主要表现在以下几个方面：

1.价值观与道德标准的差异

第一，西方人崇尚个人奋斗，以个人取得的成就自豪；相反，中国文化却提倡谦虚谨慎。然而，中国式的自我谦虚却常常使西方人大为不满。例如：

Your English is very good.

No，no，my English is very poor.

这种谦虚，在西方人看来，不仅否定了自己，还否定了赞扬者的鉴赏力。

第二，在西方文化中，与"自我"（self）相关的观念已经根深蒂固。如"self-absorption（自我专注）、self-admiration（自我赞赏）、self-cultivation（自我修养）"等等。西方社会盛行的是个体主义（individualism），强调个人自由、不受约束。而中方文化强调集体利益高于个人利益，"先国家，后集体，再个人，先利民，再利己"的话语随处可见。

2.社会关系的差别

第一，称谓及称呼：英语中的称谓比汉语中要少得多。例如，cousin一词，对应汉语的表兄、表弟、表姐和表妹等。汉语把表亲关系区分得非常严格，要说出性别，还要分出大小。而英语中的称谓不多，除dad，mum，grandpa，aunt，uncle等几个常用称谓，其他的几乎不用。在英美国家，小孩子不把爷爷奶奶称作grandpa和grandma，而是直呼其名，这在中国人看来有违情理且不礼貌。

第二，在美国，父母以及未成年孩子，称之为核心家庭（nuclear family）。子女一旦结婚，就独立生活，父母不再资助子女。这种做法能培养年轻人自力更生的能力，但也疏远了亲属之间的关系。中国式的家庭结构比较复杂，传统的幸福家庭是四世同堂，家庭成员互相依赖帮助，密切了亲情关系。然而，这种生活方式不利于培养年轻人的独立能力。

3.社会礼仪的差异

中国人大多使用"吃了吗？""上哪呢？"来打招呼，这体现了人与人之间的一种亲切感。可对西方人来说，这种打招呼的方式会令对方感到尴尬，甚至不快，因为西方人会认为对方在询问他们的私生活。在西方，日常打招呼他们只说一声"Hello""Morning!"或"Good Afternoon"就可以了。而英国人见面会说："A nice day，isn't it?"

在中国，菜的样式千变万化，又非常讲究色香味的搭配。而欧洲人只讲究其营养的搭配和保护。中国人殷勤好客，敬酒让菜，西方人常觉得太过热情。西方人的习惯是："Help yourself，please！"中国人送客人时常说："再见，走好啊！""慢走"等。而西方人只说："Bye！""See you later！"

4.社会习俗的差异

中西方人接受赞扬、祝贺时的反应也有明显区别。中国人听后会说一些谦虚之词，而西方人则会毫不犹豫地说："Thank you"。根据西方人的习惯，当他们赞扬别人时，总希望别人以道谢或接受的方式作答，否则他们会误解为对方怀疑自己的判断力。而东方则比较谦虚、谨慎，即使心里非常高兴，也不会坦然接受对方的赞扬。又如发表学术文献或论文，汉语文章的标题往往有表示谦虚的字眼如"浅谈……""试论……"等，而英语文章的标题常常直截了当，不加修饰，如 Science and Technology（《科学与技术》）。

5.生存环境方面

英语中与水产、航船有关的词语非常多，如 "fish in the air（缘木求鱼）、an odd fish（怪人）、miss the boat（错过机会）"等。汉语中这类词语就少得多。原因在于英国四周环水，航海业发达，所以多此类词语，而在中国只有沿海地区才有渔民结网捕鱼，所以该类词语相对较少要表达"用体力搬运东西"有："扛、挑、担、抬、驮"等。在英语中却只有carry来泛指这个动作。汉语中我们会遇到"像老黄牛一样干活""气壮如牛"等词，英语中要表达同样的意思，会说"work like a horse，as strong as a horse"。

二、中西文化的差异应是教学中的重点

特别是初学英语的学生，总喜欢把母语和外语互译，这种学习方法往往成为以后运用英语的潜在障碍。因此，在教学中，教师不但要对词语的文化知识背景进行必要的解释，而且还应同母语进行适当的比较，以便使学生了解两种文化差异，从而掌握正确运用英语的方法。在向学生介绍一些文化背景知识的同时，重点讲解中西方文化的差异和英美文化的差异。例如"足球"这个词，英国人叫它"football"，而美国人叫它"soccer"，把橄榄球"rugby"叫作"American football（美式足球）"。在讲到这儿时，我们应当让学生了解美式足球不是圆的，而是橄榄形的，玩时多半用于手而不用于脚，等等。又如：英国说："Thank you all the same."（不管怎样也要感谢你。）而美国人说"Thank you anyway。"再如：英国人说："Let's go"。（我们走吧！）美国人说："Shall we leave？"或"Are you ready？"（我们可以走了吗？）他们认为"Let's go"（我们走吧！）有命令之意，很不礼貌；还有很多词，如：chips（薯条），trousers（裤子），toilet（厕所），headmaster（中小学校长），uncle（叔叔）及一些短语和习惯表达方式，等等，我们都可以把它们和文化背景及中、美、英三国之间的文化差异联系在一起讲，这样使学生掌握的就不是"中国式英语"，而是比较地道的英美英语。

语言是一种特殊的社会文化现象，它是人们再长期的社会在生活实中约定俗成的每一种语言都是在特定的社会历史环境中产生和发展起来的，因此，每一种

语言都反映出使用该语言的国家和民族的在不同社会历史时期所特有的文化现象。在英语学习中，我们会遇到类似的问题。例如"You are, indeed, a lucky dog"这句话，如果按字面翻译成汉语就是"你真是一条幸运的狗"这在汉语中完全是一句骂人的话。"狗"一词，在中国人看来是贬义的，如我们常说"走狗""癞皮狗"，等等，用来描绘所厌恶的人。可是，在英语中这句话是说"你真是个幸运儿。""狗"在这儿用来指人不但不是骂人的意思，而且还表示一种亲昵的关系。在美国"狗"是家庭成员。人们认为它往往含有善意。因此，同一个词在不同的文化背景中意义不同。我们要想掌握和运用一种语言，就必须了解产生这种语言的社会，学习这个社会的文化背景知识。否则，就无法正确理解和运用这种语言。

怎样使学生了解英美文化背景知识呢？文化是人类在社会历史发展过程中创造的精神财富和物质财富的总和。到目前为止，文化背景知识在我国还没有形成一门专门的学问，可以说，它是一门具有综合性的杂学，是反映不同历史时期不同国家不同民族的一些基本常识。从教学的角度看，根据语言的交际性原则，它应是实践课的一个组成部分，文化背景知识的传授应该是一种密切结合语言实践的教学，它一般应与实践课同步进行，而不能够脱离实践另搞一套。传授文化背景知识的目的是使学生更深刻地理解英语，更恰当地使用英语。因此，我认为加强文化背景知识教学原则和方法，主要有以下几点：

（一）英语老师必须不断提高自身的文化修养

文化背景知识包罗万象，从广义上讲，它包括所学外语国家的政治、历史、地理、文艺、宗教、习俗、礼仪、道德、伦理、心理及社会生活各个方面；从狭义上讲，语言是文化的重要载体之一，如：日常用语、专有名词、成语典故、民间谚语等和形体表情等无声语言，都能反映出大量的文化背景知识。我们可以通过结交外国朋友，涉猎各种形式的文学作品，观赏精彩的外国电影录像，欣赏格调高雅的外文歌曲等各种渠道来了解外国文化。因此，作为一名外语教师，必须不断学习，不断提高自身文化素养，只有这样才能够把英语教"活"。

（二）随机讲授

因为目前大学还没有开设文化背景知识的专门课程，所以只能按现有的教材，涉及什么讲什么，知识重点是要讲解那些"具有背景意义的词汇和交际语言"，除讲清其概念部分，还要讲清它所包含的文化背景知识，有时还要适当扩展其知识内容，顺便讲一些相关的外国风俗习惯和交际常识等。教材中有很多与文化有关的词语可挖掘、可讲授。例如：在讲到"floor"一词时，应告诉学生，它除了当"地板"讲，还可以当"楼层"讲，"The building has 7 floors"可是，英美两国的表达方式又不一样，美国和中国说法一样，而英国把二楼叫作一楼"first floor"，四楼叫作二楼"third floor",一楼叫作"ground floor"。而且在英美等国,人们不喜欢13这个数字(宗教原因),认为不吉利。因此,在一些高层建筑和宾馆里不设13层楼,也没有13号房间,12之后就是14。

(三)利用直观化教学手段,体验外国文化氛围

充分利用一切可以利用的教学手段,创造一个文化语言环境,能使学生自觉或不自觉地体验异国文化氛围。可以通过收集和利用一些有关英语国家的物品和图片,让学生获得较为直接的文化知识,了解外国艺术、雕刻、建筑风格和风土人情。利用电影和电视引导学生注意观察英语国家的社会文化等各方面的情况:各阶层吃什么,穿什么,住什么样的房子,如何与朋友交往,进行什么娱乐活动,什么节目对他们最重要,在节日如何庆祝,以及说话的表情、手势等。如在西方文化中,人们常用接吻或拥抱的方式向他人表示祝贺,而在大多数东方国家里,人们是用握手来的方式向他人表示祝贺。又如在英美等国家,人们举行葬礼时一般穿黑色礼服表示庄重和对死者的哀悼;而在中国,人们穿白戴孝表示对亲人死者的怀念,在英美等国家,人们举行婚礼时,新娘一定要穿白色,表示"纯洁高贵",而中国新娘一般穿红色,以表示"吉祥幸福",更有趣的是"红色"被英美国家的人们认为是"罪恶"的象征。这样富有情趣的对比观察,有利于学生体验和感受英语国家的文化,排除民族文化差异的偏见,培养尊重他人民族习惯,以期达到语言和情感上的沟通。此外,还可以组织英语角、英语知识讲座、英语晚会等。这些做法无疑会给教学提供很大的帮助。总之,文化教学和语言教学一样,没有定法可言,但是教学有法,只要我们认真研究,一定能够找出更多更好的文化学习方法。

(四)从课文中来寻求有关文化背景知识的信息

由于目前大学还没有开设文化背景知识方面的专门课程,所以只能按新教材,涉及什么讲什么,帮助学生从中获取英语国家文化背景知识和信息,提高学生的语言交际能力,使他们不至于对目的语文化缺乏了解而造成交际失误。例如,在讲授第一册的Unit5 The Necklace时,我们就可以将西方的价值观、人生观和生活方式渗透到教学中,增加对西方社会的了解。

在西方,人们将"成功"作为人生的一大追求,他们热爱工作,视时间为金钱,所以大街上人们都行色匆匆,过着快节奏的生活,以致"吃饭"问题在他们看来倒显得无足轻重了,这与我国的"民以食为天"的传统观念是不同的。所以像课本中出现的hamburger, sandwich, chips, fried chicken等就应运而生。

可见语言是社会的产物,是人类历史和文化的结晶它凝聚着一个民族世代相传的社会意识、历史文化、风俗习惯等各方面人类社会所有的特征不同的文化背

景和文化传统，使中西方在思维方式、价值观念、行为准则和生活方式等方面也存在有相当大的文化差异。教师应了解不同文化间的差异，加强语言的文化导入，重视语言文化差异对语言的影响。只有这样，才能提高教育的效果和质量，使学生在实际生活中正确运用语言。

第四节 英语教学现状与发展

一、英语教学现状

尽管大学英语教学改革已经提出多年，但大多数的大学课堂教学仍然以满堂灌的"填鸭式"教学为主，教学内容过分注重基础，未能考虑大学生的实际就业需求与工作需求；缺乏针对性教学和实践性操作；没有根据大学生英语的具体情况做到因材施教，分层级教学；脱离实际，片面强调考证；只重视语言知识的传授，忽视语言的表达功能。这种"哑巴英语""高付出，低回报""学无致用"的现象在很多学校屡见不鲜，如何提高大学生的英语应用能力成为大学英语教学中需解决的一个重要的问题。

（一）重新定位教学理念

首先，外语教育工作者一般都强调英语的工具性，对于其人文性关注甚少。这种观念导致英语教学中的人文主义教育价值观重视不够。人文主义教育价值观认为：教育的核心价值和最终目的是人的发展。英语学习既要注重语言交际能力的提高，同时对于学习者的思维方式的拓展、价值观念的重组和人格结构的重塑更要关注。对于高职教学来说，教师应该从三个方面来思考和探索大学英语教学的课程体系：学生能力本位；人性提升；全面发展。从这个角度来说，大学英语教学的培养目标应该定位在培养学生的人文素质上。这些素质包括：对英语语言了解，对英语国家文化了解，等等。这样的培养模式一方面能培养高素质劳动者，另一方面还能照顾到部分英语水平不高的学生，通过高职阶段英语学习难以达到运用英语进行口头和书面交流的现状；而对于水平较高的部分学生，通过了解、学习、理解异域文化，发展异域思维的基础上，他们的口语和书面语能力都有长足的进步与提高。其次，作为实践性、操作性都非常强的英语课程，课程教学设置务必以培养学生能力为本位，增强学生未来适应性教师应有正确的教学观，狠抓教学质量，应该做到：课堂教学始终围绕学生为中心；积极调动学生的主观能动性；正确处理好语言知识、语言技能和语言能力之间的关系；培养学生"在用中学"的学习理念。

(二) 优化课程设置

首先，由于高职教育兼顾高等教育和职业培训双重任务，在以就业为导向的大背景下，社会特别优待那些英语基础好、专业扎实的高职毕业生，为其提供很多难得的涉外就业机会。这促使我们要不断地优化课程设置，提倡构建一个由基础英语、专业英语、职场英语、行业英语组成的全新的高职公共英语教学体系，为学生的职业发展服务基础英语设置不宜太长，一般为一年左右，主要向学生讲授一些必需的、实用的英语语言知识及语言技能，介绍英语国家的文化习俗等内容，这不仅培养了学生国际交往意识，而且为学生的专业英语学习奠定了良好语言基础。同时结合学生所学专业，开设相关的旅游英语、文秘英语、计算机英语、护理英语等，培养学生运用英语进行口头或书面交际能力，如阅读和初步翻译与本专业有关的英文资料的能力，满足学生的专业发展，也为学生终身学习英语，进一步提高英语的应用能力打下一定基础。其次结合不同专业开设专业英语选修课，满足学生专业发展和就业的需要。同时通过增设礼仪英语、英语应用文写作、英美文学、经贸阅读、第二外语等外语课程，加大选修课比重，满足不同学生不同层次的需求，为社会培养复合型人才。

(三) 教学模式创新

首先，亟待转变的是以前那种"一刀切"的教学模式。大学生生源类型的多样化使得他们的学科基础知识、智力因素和非智力因素等方面存在明显的个体差异，我们只有看到学生个体的差异，因材施教，才能让每个学生获得发展和成就感。因此我们要结合学生的兴趣，依据学生的认知结构和认知能力实施分层教学，进行个性化教育，将其分成不同的层次或班级，有区别地进行教学。同时让学生根据自己的学力、兴趣和愿望选择有利于自身发展的层次班级上课，而学校从各层次各类型学生的实际出发，确定不同的具体要求，进行不同的教学，分层教学是大学英语教学的一个重要探索，它着眼于全体学生而不是少数的"尖子生"，它有利于培养学生的主体意识，有利于发挥教师的创造精神，有利于课堂效率的提高其次，需要把传统的教学模式转变为一种基于多媒体网络课堂的全新教学模式，积极开展第二课堂活动，为学习者创造一个集文字、声音、图像、动画为一体的外语学习环境和实践环境。如成立"英语学习中心"，定期开展活动；创办英语广播电台，以大量的资料介绍英美概况、人文地理、风土人情、趣味故事、名人典故等；组织英语演讲比赛、英语辩论赛、英语知识竞赛、英语作文大赛、英语讲座、英语晚会等活动，这些不仅有利于激发学生学习英语的兴趣，而且充分调动学生多种感官，大大提高学生学习英语的效率。此外利用多媒体网络可获得书本以外的信息，这种多渠道、多感官获得语言信息有利于学生英语成功习得。

(四) 教学评价形式

评价体系作为大学英语教学的一个重要环节，起着不可估量的作用。"以实用为主、够用为度、应用为目的"这一指导原则强调以就业为导向的大学英语教学的实用性和职业性，要求毕业生就业时拥有该岗位所需的英语能力。因此教学评价形式必须以能力测试为中心，实现多元化考核评估。首先，英语测试对教学具有特殊意义。语言教学和语言测试是相互依赖、相互作用的，英语测试既服务于教学又反过来作用于教学。在实际教学中，为了更好地服务于学生的就业，我们更应该突出能力测试，从单一的卷面测试逐步转向英语应用能力的全面评价上来，充分发挥测试的诊断、评价、反馈、预测及激励的功能。大学英语考试可分为校内的课程考试和校外的水平考试。前者一般指的是每学期的期末考试，最大限度地覆盖教学内容、重点难点，主要检查学生学习情况和语言运用能力；后者主要指的是一种国家级或省市级的水平考试，如大学英语四、六级、全国英语A/B级测试等，这类考试往往信度高、效度高、认可度高，而且通过这一模块的评估，能更好地激发学生的自主学习热情，做到"学以致用"，增强竞争力，利于学生就业。其次，采取多元化考核评估。为了更好地满足学生的个性差异，遵循个性发展的教育原则，我们需要对学生进行合理的个性化评价。比如以就业为目的的大学英语教师和管理部门在对学生评价时，最好结合知识、能力等多元化评估内容；通过学生自评、学生互评、教师评估、学生评教、管理评教及企业认可等多元化形式评价学生的学习过程和教学质量，培养学生自主学习能力，激励教师因材施教；通过课堂提问、回答、课后面谈、考试等多元化手段及时了解学生的学习动态，促进学生有效学习。通过这种多元化的评估体系最终实现英语学习进程和学习结果的评价达到和谐统一。

以培养高等应用型人才为目标的高等职业院校，应该以就业为导向，以岗位能力标准为依据，以交际能力培养为重点，以现代化教学手段为依托，全面加强英语教学改革，切实提高人才培养的针对性。

二、英语教学发展

在世界教育大思潮的背景下，在外语教学理论界的反作用下，在中国国情变化的推动下，中国英语教育教学出现了新的发展趋势。依据考察，举其要者加以归纳，作者认为未来中我国英语教育将朝着多元化方向迈进，下面分别加以叙述。

多元化不仅是当今中国社会的主流发展趋势之一，更是影响教育多元化的主要因素。这一趋势主要表现在英语教学需求、教育机构和教学主体、教学媒体、教学材料、英语语言、教学模式等几个方面。

（一）英语教育需求的多元化

英语教育需求的多元化首先反映在一些对英语有直接强大需求的行业，如：涉及外经、外贸与外事等社会机构和组织，外资企业以及旅游业等。随着我国进一步深化改革，对外开放，经济全球化，文化、教育、卫生、体育以及其他各行各业也将不同程度地加入国际化进程，由此必然产生对英语人才的不同行业、不同专业、不同领域、不同层次、不同规格与不同样式的多元需求，而这种多元需求又必然引发和推动中国英语教学其他方面的多元化趋势。

（二）英语教育机构和教学主体多元化

改革开放前的教育机构主要包括国有的小学、中学和大学。改革开放后，民间资本和国外资本也开始被允许进入教育产业，而教育领域中需求量最大、发展速度最快的又正是英语教学，新型资本自然首先涌入英语教育产业。由多元资本催生的各种不同层次、不同种类的民办学校、社会办学机构以及各种短平快的培训中心、补习班、夏令营等共生共存，呈现一派多元化景象。

在多元化的各种教学机构中，除了传统的英语专业背景的教师以外，在双语教学中，出现了大量的非英语专业背景的教师用英语讲授其他专业课程；更有众多的母语为英语的人士涌入中国，在不同层次的学校或社会办学机构中，讲授英语课程和其他专业课程；还有一类中国英语教师，他们出身于非英语专业，但精通英语考试，这种"考试英语教师"在那些专门进行英语应试培训的社会办学机构中，深受学生欢迎。可见，中国英语教师的来源已呈多元化趋势。中国的英语学习者更是如此，当今中国，除了小学生、中学生与大学生法定学英语以外，还有幼儿园的孩子，外资企业的白领、蓝领，外贸外经企业的老板和员工，以及许多为了提薪升职，或有心进入国际舞台、打入国际市场、从事对外业务的公务员、律师、会计、工程师、职业经理、艺人、记者、模特儿、主持人、经纪人，甚至工人和农民，都在学英语，可以说社会各行各业都有一个或大或小的英语学习群体。随着国人英语学习热潮的不断升温，英语学习者日益多元化已成大趋势。

（三）英语教学媒体多元化

随着信息化和虚拟化的发展，教学媒体已从古老的"一块黑板，一支粉笔"发展为传统、现代和信息技术三个不同时期的教学媒体大融合。传统媒体包括直观教具（如教师形体动作、口头语言、印刷材料、黑板、粉笔、实物、模型与标本等）和示意教具（如图画、图片、卡片、挂图、图表、地图、路线图与照片等）；现代教学媒体包括视觉媒体（如幻灯、投影等）、听觉媒体（如广播、录音与唱片等）、视听媒体（如电视、电影与录像等）和单媒体系统（如语言实验室等）；IT教学媒体包括VCD、DVD、MP3、手机、多媒体系统（如计算机、有线局

域网等）以及超媒体系统（如国际互联网等）。随着科学技术的不断发展，教学媒体的多元化已经是中国英语教学现实的一部分

（四）英语教学材料多元化

英语教学材料的多元化主要表现为教学资料的来源、载体、内容以及品牌的多样化。随着教育改革的不断深化，"全国一本教科书"的局面已经完全改变现今图书市场提供的教科书、参考资料和教辅资源空前丰富，品种多样，除了本土编写的以外，进口原版英文图书也越来越多。而且，在传统的纸质文本巨大增量的基础上，出现了各种各样电子文本的教学材料，音像资料也由于数字化技术的应用而得以大规模的发展和增长。教学材料的内容也趋于多元化，已经从原来以单纯的一般英语为主，向各种专业、行业的英语发展。英语资料的品牌也由原来少数几个垄断老字号，如《许国璋英语》《新概念英语》等，发展为多种品牌之间的竞争。

（五）英语标准的多元化

在英语发展早期，一般认为英国英语是标准英语，二战以后，英国势微，美国崛起，美国英语的影响也逐渐扩大，对英国英语的标准英语地位提出挑战。进入20世纪末，英语逐步确立其国际通用语言的地位，标准英语的概念逐渐淡出，开始出现"国际英语"或"世界英语"的概念。比如：中国国际广播电台的英语播音员就有来自英国、美国、加拿大与澳大利亚等各国的母语为英语的人士，也有中国本土以英语为外语的人士。在中国的英语教育市场上，更是多种国别英语同台竞技，异彩纷呈。"英语的教育规范，从一颗星转向一条银河"。

（六）英语教学模式多元化

从理论上讲，各种不同的新模式构想不断涌现。比如：有的针对某一语言技能提出某种新模式，如：彭青龙的"3D外语口语教学法"，王初明的"写长法"英语写作教学模式，杨文滢、胡桂莲的"延续性写作教学模式"；也有的针对中学英语教学提出宏观新模式，如：张正东的"立体化教学法"；还有的针对大学英语教学提出新的普适模式，如：应惠兰等人的"以学生为中心的主题教学模式"，谢邦秀的"多边性的大学英语教学模式"等而从国家教学大纲来看，先有《全日制义务教育普通高级中学英语课程标准》倡导的"任务型教学途径"，后有《大学英语课程教学要求》推出的"基于计算机和课堂的英语多媒体教学模式"

从实践来看，不同的地区、不同的学校采用各种不同的教学模式：有的坚持语法和翻译教学，采用古老而又永葆青春的语法翻译法；有的仍操练不止，坚持风行于20世纪60年代的听说法；有的则用任务法，将交际思想贯彻到底，等等。而多数教师，在他们各自的课堂上，则一如既往地坚持实用主义原则，采用折中

法，洋为中用，古为今用，他为我用。既有对传统方法的返璞归真，也有对流行方法的狂热追捧最具新世纪代表性的可算是上海大学已经进行了两年的大学英语多种教学模式改革实验，在这种实验中，学生可以在多种教学模式中自由选择。无论其最后结果如何，改革实验本身已向世人昭示：中国英语教学模式的多元化时代已经开始。

第二章　中西方翻译发展历程

第一节　中国翻译发展历程

中国是一个具有几千年文明历史的古国。据文字记载，早在周代就有了翻译活动。夏商周时期，人们之间的通信十分频繁，许多不同的民族和部落居住在同一块疆域内是十分普遍的。据《左传》记载，仅在周朝领土上就有山戎、犬戎、白狄、赤狄、戎蛮子等十多个部族。这些不同的部族与居住在中原的华族在语言、饮食、风俗文化等方面有很大的不同。《左传·襄公十四年》记载，戎族酋长戎子驹支曰："我诸戎饮食衣服，不与华族同，贽币不通，言语不达。"华族要与诸多异族交往，就必须有翻译。在《周礼》《礼记》中均有对周朝翻译官职的记载。

《后汉书·南蛮传》记载了周代的口译："交趾之南有越裳国。周公居摄六年，制礼作乐，天下和平。越裳以三象重译而献白雉。"象，即翻译官，后专指翻译南方语言的翻译官。《礼·王制》中说："中国，夷、蛮、戎，五方之民，言语不通，嗜欲不同，达其志，通其欲，东方曰寄，南方曰象，西方曰狄鞮，北方曰译。"除"译"之外，"寄""象""狄鞮"均为翻译官。

西汉人刘向在《说苑·善说》中记载了鄂君子皙请人翻译《越人歌》一事，是我国较早关于笔译的记录。《后汉书·南蛮西南夷列传》中记载有白狼王唐写的《慕代诗》三章，即《远夷乐德歌》《远夷慕德歌》和《远夷怀德歌》。《列传》不仅记载了这三首诗的作者、译者姓氏，而且保存了这三首诗的原文汉字记音。这是我国的诗歌翻译最早的文字记载。

从汉代起，由于在政治、军事上与北方交涉频繁，"译"逐渐成了总称。"翻"字也从东汉起使用。南北朝时期的佛经译著中已开始使用"翻译"二字。

中国历史上出现过四次翻译的重要时期。第一个时期是东汉至隋唐时期的佛经翻译，第二个时期是明末清初的自然科学翻译，第三个时期是近代的文学翻译，第四个时期是中华人民共和国成立后。这四个时期留下了丰富的译学思想和翻译资料，为现、当代翻译学奠定了基础。

一、第一个时期

人们对佛经翻译的起源观点不一，一般认为，西汉哀帝刘欣时期的《浮屠经》当为我国最早的佛经译本。大规模的佛经翻译则始于东汉恒帝建和二年（公元148年），译者有安息（即波斯）人安清与西域月氏人支娄迦谶（支谶）。安清，字世高，天资聪颖，笃信佛教，精于西域语言且通晓汉语，译有《大安般守意经》等35部经书，开后世禅学之源，被尊为中国译经的先驱。所译佛经"义理明晰，文字允正，辩而不华，质而不野，为翻译之首"（慧皎：《高僧传》）。支娄迦谶和他的弟子支亮及再传弟子支谦都博学多闻，以翻译佛经闻名于世，当时有"天下博知，不出三支"之说。支谦不仅译经多，而且对翻译理论有精深的研究。其所著《法句经序》是现存最早的翻译理论文章。文中提出了"文"与"质"两种对立的翻译观，并对质派观点做了细致的阐述。

中国第一位本土翻译大家及翻译理论家当推道安。道安，俗姓卫，常山扶柳（今属河北省）人。他组织翻译了经书14部187卷，共100万余字，还厘定了翻译文体。道安还创造性地总结了翻译规律，提出了著名的"五失本，三不易"的翻译原则。"五失本"即认为前代译经有五种改变原梵文经书的表达方式的情况，"三不易"大体上说因为时间的推移造成习俗的改变、译者才智远不如原经的圣人作者、译者态度精力上的不足三个方面导致翻译很不容易。道安主张直译，他说，他所监译的经卷，要求"案本而传，不令有损言游字；时改倒句，余尽实录"。道安的翻译思想对后世影响巨大。

比道安稍晚的鸠摩罗什从小熟悉梵文胡语，十几岁就通晓佛经，主持翻译的佛经达400多卷。主张"意译"，其译文不拘原文体制，变通达顺。但其意译并非没有节制，依然"务在达旨"，达到了很高的成就，"有天然西域之语趣"。鸠摩罗什倾向于"不可译论"。他说，改梵为秦，"有似嚼饭与人，非徒失味，乃令呕秽也。""嚼饭与人"的妙喻，即出于此。

隋文帝统一中国后，大举兴佛，开启了佛教发展的新高峰。玄奘，通称"唐三藏""三藏法师"，俗姓陈，名祎，洛阳人，13岁即落发为僧。于唐太宗贞观三年冲破官府的重重阻挠，西去印度学佛求经。17年间，刻苦学习梵语与西域语言，考察当地风土人情，对佛学研究更是不遗余力。贞观十九年学成回国，带回梵文经书657部和大量佛物，受到热烈欢迎。随后立即在唐太宗的支持下建立译场，潜心翻译佛经，传布佛学要义。19年共译经75部，1335卷，占唐代新译佛经半数以上。同时还将《老子》《大乘起信论》等译成梵文，传入印度。他主持的译场有完备的组织，特别注重译文的检查和修改，即使现在来看也是十分科学的，因此成为后世译场的楷模。据后人研究，玄奘的翻译熟练地运用了补充法、省略法、变位法、分合法、译名假借法、代词还原法等技巧，但其本人对翻译理论却鲜有论述，目前能见到的只有记载于《大唐西域记》序言中的"五不翻"观点，即五种音译的情况。音译即不翻之翻。五种情况是：咒语之类的神秘语，多义词，中国无对应物的词语，通行已久的音译，以及为弘扬佛法需要的场合。尽管"五不翻"主张精到全面，但与玄奘在翻译实践上取得的成就相比，还是很不相称的。

玄奘以后，佛教活动逐渐走向平淡，以潜在方式成为中国文化深层结构的一部分，佛经翻译日趋衰落。北宋译经尚有余响，南宋以后则几近销声匿迹了。

二、第二个时期

从16世纪初叶起，葡萄牙、荷兰、西班牙、英国等欧洲资本主义国家的殖民主义者就开始相继对我国东南沿海进行海盗掠夺。与此同时，西方的耶稣会传教士也先后进入中国进行宗教活动，从16世纪末到18世纪持续近200年时间，这些传教士的使命就是向东方进行宗教扩张。在传教的同时，他们向中国人介绍了大量的自然科学知识。他们翻译了一些天文、数学、机械等自然科学著作，使中国人首次接触到西方科学技术知识，开阔了视野，增长了见识，并对中国以外的事物有了感性的认识。这一时期，意大利人利玛窦与我国近代科学的先驱徐光启合作翻译的《几何原本》前六卷最具代表性，影响最大。利玛窦，意大利传教士，学习过汉语，对中国文化有一定的认识和了解。他外表儒雅，会说中国话，熟知"四书""五经"，1583年来中国后，很快为明清之际中西文化交流打开了新局面。徐光启，中国近代科学的先驱人物，杰出的爱国科学家和科学文化的领导者，是最早将翻译的范围从宗教、文学扩大到自然科学的翻译家。他认为，科技翻译就是吸取别国多年积累的科技成果，尽快地为我所用，以此壮大自身。利玛窦还与另一些近代科学的先驱人物如李之藻、杨廷筠、叶向高等人合作，翻译了一些有关天文、历算和其他自然科学的书籍。1857年，英国人伟烈亚力与中国著名翻译家李善兰合作翻译了《几何原本》的后九卷，延续了几乎中断200年的科技翻译。

三、第三个时期

第三个时期指鸦片战争至中华人民共和国成立这个时期。这一时期的一个显著特点就是翻译的主体发生了变化。第一个时期的翻译主体多是西域高僧，第二个时期是耶稣会传教士，第三个时期则是中国的知识分子，这一特点在甲午战争后更加明显。近代以来，不少仁人志士为了强国，加强了对西方科学技术的学习和研究。政府开办了不少外文学校,同时向国外派遣留学生。像京师同文馆内就设有英文馆、法文馆、俄文馆,后增加德文馆,成为我国第一所培养外语人才的专门学院。而后又有上海方言馆和广东方言馆。此外,教会学校和新式学堂也设有外语专业和外语课程,培养了大批外语人才。同时,一大批留学美国、欧洲、日本等地的学生也成为这一时期翻译的主体。

  这一时期的翻译,除个别是几个人合作,如典型代表人物林纾外,绝大部分的翻译均脱离了合作的方式而由个人独立完成。其中绝大部分作品是文学翻译作品。从近代翻译的历程看,首先是科学翻译,而后是社会科学翻译,最后是文学翻译。文学翻译虽来得较迟,却对我国的翻译产生了深远的影响。

  鸦片战争失败后,中国的有识之士逐渐觉醒,主张学习西方的军事技术和机器制造。基于这种思想,这一时期他们翻译了大量的算学、测量、水陆兵法、天文学、化学、力学、文学、医学、汽车制造等方面的书。据统计,近代早期最大的翻译机构江南制造局译书馆所译163种著作中自然科学译书就占80%以上。

  19世纪70年代,中国开始派遣留学生出国。1872年夏末,在陈兰彬带领下,第一批30名学生赴美国深造。这些人通过在国外的考察、学习,深感西方之强大,并非完全在于枪炮和科学的发达,还在于先进的社会制度和文化,于是着手翻译此类书籍。其中以严复为代表,他先后翻译了十多种西方资产阶级的哲学、经济学、社会学等著作,最有代表性的为八大社会科学名著,其中《天演论》影响极大。甲午战争后,文学翻译继续涌现。1899年,林纾与王寿昌合译《巴黎茶花女遗事》,开启了文学翻译的新纪元。20世纪初,文学翻译走向繁荣。纵观近代翻译史,最有代表性的翻译家仍然首推严复和林纾二人。严复在翻译《天演论》时提出"信、达、雅"的翻译标准备受后人推崇,至今仍对译学理论研究产生影响。林纾不懂外文,靠与口译者合作,翻译了160余种小说,成为我国近代翻译西方小说的第一人。

  五四运动期间,文学翻译成为主流,基本上各文学社团和文学流派都有自己的译论主张和独树一帜的翻译家。文学研究会的茅盾、郑振铎从现实主义角度提出翻译为社会服务;创造社的郭沫若从浪漫主义的角度强调译者主观感情的投入;新月派的徐志摩、朱湘等在诗歌翻译上有突出贡献;由众多文艺流派整合而成的左联主张翻译为中国革命现实服务,注重唯物史观的文艺批评著作和苏联社会主义现实主义作品的翻译。其间最著名的翻译理论家当推鲁迅,提出"宁信而不顺"的直译策略,他还对翻译的宗旨、重译、复译、翻译批评等有过深入的论述。朱生豪翻译莎士比亚戏剧(以下简称莎剧)是该时期甚至整个中国翻译史上的大事。朱生豪(1912—1944)大学毕业后不久,出于对莎剧的热爱和强烈的爱国热情,开始翻译莎士比亚戏剧全集。在战火中忍受着饥饿、疾病的折磨,耗尽心力,10

年间共译出莎剧31种半，再译五种半即成全璧的情况下，终因重病含恨辞世。朱生豪精通英语，又有扎实的中国古典诗词功底，因此他译的莎剧质量极高，数十年来受到学界内外的好评。

四、第四个时期

中华人民共和国成立后，翻译呈现另一番景象。翻译遵循党的文艺方针，强调为社会主义服务。从中华人民共和国成立到1966年的17年间，文学翻译以苏联等社会主义国家作品及亚非拉国家作品的译介为主。俄国古典文学、批判现实主义文学、苏联现当代文学的重要作家都有译介，甚至普希金、列夫·托尔斯泰、高尔基、奥斯特洛夫斯基、法捷耶夫等名家的作品几乎全部译出，翻译家有吕荧、刘辽逸、汝龙等。亚非拉文学翻译家有楼适夷、季羡林等。比较而言，出于意识形态的原因，欧美作品的翻译着力不多，但也并非一片空白。英国文学方面，卞之琳用诗体翻译了莎士比亚悲剧《哈姆雷特》，传达了莎剧的气势；张谷若翻译哈代的小说真实准确，晓畅通达；还有朱维之译弥尔顿的《复乐园》，查良铮译英国浪漫主义诗歌等，都取得了很高的成就。法国文学方面，傅雷翻译巴尔扎克的《人间喜剧》，赵少侯着重翻译莫里哀的喜剧，罗玉君翻译司汤达和乔治·桑的小说。德国文学翻译家有冯至、张威廉、钱春绮、傅惟慈等，基本上把具有世界影响力的德语作品都译介过来了。翻译事业于改革开放中迎来了自己的春天，大大拓宽了翻译的范围，提高了翻译的质量，规模之大、影响之广不亚于历史上任何一次翻译高潮。可以说，没有翻译，就没有新时期各个文化领域的大发展。

第四个时期的翻译理论也取得了重大进步。傅雷在1951年为《高老头》撰写的《重译本序》中说："以效果而论，翻译应当像临画一样，所求的不在形似而在神似。"这就是著名的"重神似不重形似"的翻译标准。钱钟书1963年在《林纾的翻译》中提出"翻译的最高境界是化境"，从而将中国传统翻译理论推向了顶峰。改革开放后，中国翻译研究在继续发展，不过思考的资源与灵感大都来源于西方，与传统翻译理论相去甚远。

第二节　西方翻译发展历程

一般认为，西方翻译理论可分为五个时期，即古代时期、中世纪时期、文艺复兴时期、近代时期和现（当）代时期。西方翻译理论较之于中国翻译理论更加系统、全面，有较完整的体系和清晰的发展脉络。

一、古代时期

西方翻译理论发源于公元前1世纪。古罗马帝国政治家和演说家西塞罗发表了著名的《论演说术》。在这篇演说中他说:"我认为,在翻译时,逐字翻译是不必要的,我所做的是保留原文的整体风格及其语言的力量。因为,我相信,像数硬币一样地向读者一个个地数词,不是我的责任,我的责任是按照他们的实际重量支付给读者。""按实际重量支付"即"保存原文的全部意义"。这段话首次谈到了直译和意译,明确提出反对逐字翻译。这个时期,翻译家们大都根据自己的翻译实践对翻译进行分析和论述,主要集中在直译还是意译这类问题上。奥古斯丁是与哲罗姆同时代的神学家、哲学家,对翻译理论有许多深刻的见解。他认为,翻译的基本单位是词;翻译有三种风格,朴素、典雅、庄严,其选用取决于读者的需求。他从亚里士多德的"符号"理论出发,认为忠实的翻译就是能用译入语的单词符号表达源语单词符号指示的含义,即译语词汇和源语词汇具有相同的"所指"。这套理论对后世有深远的影响。

二、中世纪时期

中世纪时期即西罗马帝国崩溃至文艺复兴时期。英国阿尔弗雷德国王是一位学者型的君主,用古英语翻译了大量的拉丁语作品,常常采用意译法,甚至近于创作。11、12世纪,西班牙中部地区的托莱多形成了巨大的"翻译院",主要内容是将阿拉伯语的希腊作品译成拉丁语,接续欧洲断裂的文化传统。中世纪末期出现了大规模的民族语翻译,促成了民族语的成熟。英国的乔叟翻译了波伊提乌的全部作品和薄伽丘的《菲洛斯特拉托》等,德国的维尔翻译了许多古罗马作品,俄国自基辅时期起翻译了不少希腊语和拉丁语作品,其著名的翻译家有莫诺马赫、雅罗斯拉夫等。翻译理论的代表人物有罗马神学家、政治家、哲学家和翻译家曼里乌·波伊提乌。他提出翻译要力求内容准确,而不要追求风格优雅的直译主张和译者应当放弃主观判断权的客观主义观点,这在当时产生了较大的影响。

三、文艺复兴时期

从14世纪至17世纪初,西方翻译进入繁荣时期,产生了许多具有代表性的翻译家和有影响的翻译理论。英国翻译题材广泛,历史、哲学、伦理学、文学、宗教著作,无所不及。查普曼先后翻译了荷马史诗《伊利亚特》和《奥德赛》,成就卓越。他认为翻译既不能过于严格,亦不能过分自由。荷兰德是英国16世纪最著名的翻译家,其翻译的题材多样,尤以历史翻译见长,著名作品有里维的《罗马史》、绥通纽斯的《十二凯撒传》等。法国的阿米欧于1559年翻译了《希腊、罗马名人比较列传》，内容忠实，文笔清新自然。他主张译者必须充分理解原文，译文要淳朴自然。语言学家、人文主义者多雷在其《论如何出色地翻译》中提出了翻译的基本准则：译者要完全理解翻译作品的内容；要通晓所译语言；语言形式要通俗；要避免逐字对译；要注重译文的语言效果。路德认为，翻译必须采用平民化的语言；必须注重语法和意思的联系；必须遵循一些基本的原则。路德之所以能在翻译实践上取得成功，是和他的理念分不开的。德国另一位代表人物伊拉斯谟认为，翻译必须尊重原作；译者必须要有丰富的语文知识，必须保持原文的风格。

总体而言，这一时期对翻译的认识和讨论十分热烈，由此奠定了西方译学的理论基础。

四、近代时期

从17世纪至第二次世界大战结束的近代时期是西方翻译的黄金时期。谢尔登译出了塞万提斯的《堂吉诃德》。蒲伯在1715—1720年在查普曼的基础上重译了《伊利亚特》和《奥德赛》。莪默•伽亚谟的波斯语作品《鲁拜集》于1859年有了第一个英语译本，后几经修订，跻身英国翻译史上最优秀的译作之列。17世纪法国文坛盛行古典主义，因此翻译以古希腊、古罗马的文学作品为主；18世纪，法国向往古老神秘的中国，翻译了不少中国作品，元曲《赵氏孤儿》就是这个时期译介到法国的；19世纪以西方各国文学的翻译为特色，莎士比亚、歌德、但丁、拜伦、雪莱的许多作品都有了法语译本。这个时期的翻译理论较为全面、系统，具有普遍性。其代表人物有：英国的约翰•德莱顿、亚历山大•弗雷泽•泰特勒，法国的夏尔•巴托。德莱顿对翻译进行了较为系统、全面的研究，认为翻译是一门艺术，译者必须掌握原作的特征，服从原作的意思，翻译的作品要考虑读者的因素。同时还将翻译分为三大类：逐字译、意译和拟作。泰特勒在1790年撰写的《论翻译的原则》一书中提出著名的"翻译三原则"：译作应完全复制出原作的思想；译作的风格和手法应与原作保持一致；译作的语言应具备原作的通顺。

进入19世纪，德国逐渐成为翻译理论研究的中心。代表人物有神学家、哲学家施莱尔马赫，文艺理论家和翻译家施雷格尔，语言学家洪堡特。翻译研究的重点集中在语言和思想方面，逐步形成了一定的研究方法和翻译术语，从而把翻译研究从某一具体篇章中抽象分离出来，上升为"阐释法"。这种方法由施莱尔马赫提出，施雷格尔和洪堡特加以发挥。施莱尔马赫在《论翻译的方法》一文中较为全面地论述了翻译的类型、方法、技巧，形成了比较系统的翻译理论，在19世纪产生了重大影响，至今仍具有一定的现实意义和作用。其主要内容包括几点：翻译分为笔译和口译；翻译分真正的翻译和机械的翻译；必须正确理解语言思维的辩证关系；翻译有两条途径，一条是尽可能忠实于作者，另一条是尽可能忠实于读者。

洪堡特进一步认为：语言决定思想和文化，语言差距太大则相互之间不可翻译，可译性与不可译性是一种辩证关系。洪堡关于"可译性"与"不可译性"的论述在今天同样具有重要的借鉴意义。

五、现（当）代时期

众所周知，20世纪上半叶爆发了两次世界大战，翻译和翻译理论研究受到极大的破坏而驻足不前，其间几乎没有有影响的翻译和翻译理论研究。然而，第二次世界大战以后，翻译和翻译理论研究则在西方迅速恢复并很快进入一个繁荣时期。

西方现（当）代翻译理论时期指从第二次世界大战结束至今，这一时期在翻译范围、形式、规模和成果方面都是历史上任何时期都无法比拟的。翻译理论研究在深度和广度方面亦取得了突破性的进展。这一时期，由于受现代语言学和信息理论的影响，理论研究被纳入语言学范畴，带有较为明显的语言学色彩；同时，由于在理论研究中文艺派的异常活跃，又使翻译理论研究带有明显的人文特征。所以，翻译理论的研究大都走科学与人文结合的道路。而且，翻译研究更加重视研究翻译过程中所有的重要因素，包括语言使用者的社会因素等，以及它们之间的相互关系和产生的相互影响，并以此解决翻译中的各种问题，使翻译这门学科具有较为成熟的学科特征。

现（当）代翻译理论时期涌现出一大批在翻译理论与实践方面成绩卓著的人物，并逐渐形成了流派。主要包括：布拉格学派、伦敦派、美国结构派、交际理论派，或语言学派、交际学派、美国翻译研究班学派、文学—文化学派、结构学派、社会符号学派。这些学派的研究使西方翻译理论逐渐形成体系，趋于成熟。

第三节　对翻译的不同观点

老子说："信言不美，美言不信。"英国著名小说家、诗人吉卜林说："东是东，西是西，东西永古不相期。"自古以来，不少人对翻译的认识做出了许多精彩的论述，这也从一个侧面反映出翻译的重要作用。古今中外的哲学家、思想家、文学家、艺术家、翻译家对翻译情有独钟，用精辟的语言道出翻译之"事"。例如不少人将翻译与绘画相提并论，有道是"隔行不隔理"。一代丹青大师齐白石老先生就说："作画妙在似与不似之间，太似为媚俗，不似为欺世。"我国著名翻译家傅雷说："以效果而论，翻译应当像临画一样，所求不在形似而在神似。"

钱钟书老先生著名的"化境"论说：文学翻译的最高理想可以说是"化"，既不因语文差异而露出生硬的痕迹，又能完全保存原有的风味。无独有偶，威切斯勒将翻译家与音乐家相比较，认为翻译家和音乐家是同一性质的，他们都把别人的作品通过自己的艺术创造再现给人们。英国著名翻译理论家西奥多·萨瓦里也曾把文学翻译比作绘画，把科技翻译比作摄影。泰德勒则将翻译比喻为复制一幅画。画论译理，灵犀相通，可见齐白石老先生所论实在是至理名言，之于翻译实则是精妙的法则：翻译作品不可"不似"原作，如"不似"原作，则决然不是翻译；翻译作品不可"太似"原作，如"太似"原作，又如何能称为艺术？只有"妙在似与不似之间"，才能既是翻译，又是艺术。

19世纪以来，不少人开始以传统语言学理论为基础研究翻译问题，认为翻译是运用一种语言把另一种语言所表达的思维内容准确而完整地重新表达出来的语言活动；或是把一种语言的连贯性话语在保持其内容及意义的情况下，改变为另一种语言的连贯性话语的过程。进入当代，受当代语言学的影响，人们把研究的视点从语言本身扩展到交际语境、语域、语用等范畴，认为翻译是一种交际活动。美国语言学家、翻译家奈达（E.A.Nida）是交际翻译观的代表人物。他认为，翻译是指在译语中用最贴切而又最自然的对等语从语义到文体再现原文的信息。在过去十年，以文化研究为重点的翻译研究形成了一个热门的领域。研究认为，翻译是不同国家和民族进行经济、政治和文化交往的产物，并反过来推动它们之间关系的发展，使一国的文化为别国所共享、所借鉴，从而促进各国民族文化的繁荣和创新。这一时期，不少西方学者使用"跨文化"来形容翻译的这一活动。其中代表人物为科纳切尔，他明确提出"跨文化翻译"的概念，使翻译活动的层面与文化紧密相连。

20世纪末21世纪初，翻译界迎来了两大翻译新思想：一个是从生态学视角对翻译进行综观的整体性研究，即胡更生先生的生态翻译学，认为"翻译是以译者为主导，以文本为依托，以跨文化信息转换为宗旨，翻译是译者适应翻译生态环境而对文本进行移植的选择活动"；另一个是从认知语言学视角研究翻译问题，即王寅先生的认知语言学翻译观，认为"翻译是一种认知活动，是以现实体验为背景的认知主体所参与的多重互动为认知基础的，译者在透彻理解源语言语篇所表达的各类意义的基础上，尽量将其在目标语言中映射转述出来，在译文中应着力勾画出作者所欲描写的现实世界和认知世界"。两位先生尽管从不同的视角对翻译进行了系统的研究，但都认为翻译应该综合考虑翻译过程中的诸多因素，最终实现和谐翻译，促进跨文化交际的顺利进行。

与此同时，不少人认为翻译是艺术创作的一种形式，强调语言的创造功能，讲究译品的艺术效果。如拉斐维尔、兰伯特等人就认为"翻译就是对原文的重新摆布"。当然，也有学者认为，翻译是一门实践性很强的艺术，既是模仿，又是创造。

值得一提的是，实用主义者从翻译的现实成分出发，把翻译看作客户委托做的工作。中国香港的周兆祥先生就认为翻译工作不是什么超然于社会之外的艺术，而是配合社会发展需求而提供的雇佣兵式的服务。他说："译者的主要责任，不是译好某些文字，而是为了委托者的最大利益，完成当次委托的任务。"罗宾逊也谈道："不同的人对翻译有不同的看法，不做翻译的人视其为文本处理，译者则视之为一种活动。"

长期以来，人们对翻译的争论和论述还集中在翻译作品"可译"与"不可译"上，使之成为一个古老的悖论，为人们提出一个二律背反的命题。一方面，人们认为翻译为人们的沟通和交流发挥了巨大作用；另一方面，很多学者、作家、思想家、翻译家对翻译的真实性又表示怀疑。例如，意大利文艺复兴时期伟大的神学家但丁（1266—1321）就提出"文学作品不可译"的观点，他始终认为"翻译将破坏全部的优美和谐"。他说："任何富于音乐和谐的作品都不可能译成另一种语言而不破坏其全部优美的和谐感。"西班牙大作家塞万提斯（1547—1616）则形象地将翻译比喻为"反面观赏弗兰德斯的花毯"（又译为佛拉芒毯），图案轮廓固然清晰，色彩却不见了。他在其长篇小说《堂吉诃德》中借主人公堂吉诃德的口这样说道："不过我对翻译也有个看法，除非原作是希腊、拉丁两种最典雅的文字，一般的翻译就好比弗兰德斯花毯翻到背面来看，图样尽管还看得出，却遮着一层底线，正面的光彩却不见了，至于相近的语言，翻译只好比誊录或抄写，显不出译者的文采。"而法国启蒙思想家伏尔泰（1694—1778）说："翻译，增加一部作品的错误并损害它的光彩。"德国语言学家施来格尔更为直接："翻译好比一场拼死拼活的决斗，最后失败的不是译者就是原作者。"意大利哲学家克罗齐一语惊人："翻译好比女人，忠实的不漂亮，漂亮的不忠实。"英国诗人雪莱也说："译诗是徒劳的，犹如将紫罗兰扔进坩埚里。"彼得·纽马克对翻译的比喻非常实际，他说："许多翻译都是在一种方案与另一种方案之间的妥协。翻译是一种变戏法的动作，是一种碰运气的事，是走钢丝。无论对译者或是对翻译批评者而言，只要有时间，他们总会对已翻译的东西改变主意或看法。"

德国翻译家洪堡特也就翻译的可译性与不可译性发表了两元语言观。他指出："所有翻译都只不过是试图完成一项无法完成的任务。任何译者都注定会被两块绊脚石中的任何一块绊倒，他不是贴近原作贴得太紧而牺牲本民族的风格和语言，就是贴近本民族特点太紧而牺牲原作。介乎两者之间的中间路线不是难以找到而是根本不可能找到。"但是他又说："在任何语言中，甚至不十分为我们所了解的原始民族的语言中，任何东西，包括最高的、最低的、最强的、最弱的东西，都能加以表达。"不难看出，翻译是难事，但又十分精彩。有趣的是，人们在论述翻译时都力图将翻译与丰富的色彩和鲜明的个性相提并论，这充分说明翻译内涵的丰富和外延的广阔。著者曾在翻译课中就同一作品的多种翻译为学生做比较时谈道：不同译者的文化背景、个性特质、社会表征等多种因素决定了他对翻译作品的理解和翻译的风格，这些东西体现在译品中使之产生差异并对读者产生影响，有时候概括为仁者见仁，智者见智，然而译品对读者的影响负有社会责任。译品在多大程度上忠实于原作并传递出原作的思想和风格，甚至细微的语言特征，这确实很难把握，并且难有一个统一的标准。人们说译品好或不好，同样和人们的教育程度和个人特质有关，并且很大程度上和人们受传统文化教育的影响十分密切。有人一生中翻译了很多作品，却很少有产生影响的；有人一生中只翻译了一部作品，却在相当长的时间内影响甚广；有人因译品名声大噪；有人的译品成为经典而自己却鲜为人知。由此提出一个令人感兴趣的问题：谁来从多种因素出发比较和认定译品的忠实和好坏？以《简·爱》为例，译品有二三十种，可以说除了译者特定的生活时代的一些烙印表现在译文中以外，应该说都各有千秋。然而，就整体而言，谁在最大程度上忠实于原作，传递出原作的思想和风格，又有谁愿意去做精准的比较和论断？

其实，翻译之精彩足以让人们以严肃的态度和宽阔的胸怀来认识和理解原作和译作、作者和译者之间的关系以及他们承载的文化和社会责任。西方一位译者对翻译所做的比喻说："翻译就是把窗户打开，让光线进入房间；翻译就是把贝壳撬开，这样我们便可以品尝里面的肉核；翻译就是撩开窗帘，这样我们便能窥见最圣洁的地方；翻译就是打开井盖，这样我们便可获得水源。"德国文豪歌德（Goethe，1749—1832）把翻译家比作"媒人"，他说："翻译家应被看作忙碌的媒人。他对一位还半遮着面的美人大加赞誉，说她真值得我们倾心。媒人就这样激起了我们对这位美人的爱慕，一定要对她本来的长相看个究竟。"美国女翻译家马格利特·佩顿借用自然科学对物质从一种状态变成另一种状态的描述对翻译做了十分新颖的精彩比喻，她说："我喜欢把原作想象成一块方方正正的冰。翻译的过程就是这块冰融化的过程。待到冰变成了液体状态时，每个分子都变换了位置，没有一个分子与其他的分子再保留着原来的关系。它们开始了在第二种语言里形成作品的过程。分子有逃逸掉的，新的分子涌了进来填补空缺，但是这种成型和修补的轨迹完全是隐性的。在第二语言里确立起来的译品是一块新的方方正正的冰块，它虽与原来的冰块不同，然而外表看上去却是一模一样的。"德国浪漫主义运动的先驱赫尔德（1744～1803）为人们揭示了一个真理：译作与原作不可能完全画等号。

不难看出，对翻译既有侧重宏观的比喻，又有侧重翻译过程的描述的想象比喻。从以上对翻译的比喻我们可以对翻译有一个初步的认识。通过这些比喻，人们可以对翻译的本质有一些认识，从而为学习翻译打下良好的基础。

第三章 翻译研究概述

翻译是一个综合的交叉学科,涵盖范围大、研究对象广、涉及学科多。其涵盖范围大至历史、经济、政治、社会、文化,小至单个词语的理解和译法。研究对象至少包括翻译的动因、原文、原文作者、原文读者、翻译赞助人、译者、翻译过程、译文读者、翻译的结果及其影响等。在我们编撰的译学辞典中,单列的相关学科约有30个,包括哲学、思维科学、逻辑学、信息科学、心理学、交际学、符号学、接受美学、信息论、生态学、阐释学、媒介学等。面对这样庞大的体系,人们不得不考虑分层次研究。

翻译研究一般简单地分为宏观研究和微观研究。宏观指"大范围或涉及整体的",微观"泛指部分或较小领域的"。宏观、微观两个分类对翻译研究庞大而复杂的体系难以概括。作为宏观、微观两端的过渡和衔接,中间似可加入一个中观研究。在翻译学中,宏观研究要涉及这样的问题:翻译的性质、翻译的价值、翻译的目的、翻译的动因、翻译学方法等。中观研究要讨论的问题有翻译的规划、翻译的策略、翻译的方法等。微观研究涉及翻译技巧和翻译过程中对具体问题的处理。本书中,我们从翻译的性质来研究翻译本体论,以"一体三环"作为翻译研究的认识论,以翻译的目的论作为翻译的价值观,以翻译研究的途径作为翻译研究的方法论。

本章介绍宏观研究、中观研究和微观研究的概况和一般原则。

第一节 翻译理论

有些译者往往否定翻译理论对翻译实践和翻译构成的作用。其实,译者经常浸润在翻译问题之中,总会自觉或不自觉地从理论上思考着(不论这种思考从何种视角开始),这就是所谓的翻译的"理论化"(theorizing in translation)。

一、翻译的"理论化"

皮姆（Pym）认为，译者在翻译过程中无时无刻不在进行理论化。例如，在翻译过程中一旦发现了某个翻译问题，译者往往在几个可能的解决方案中做比较选择……也许这些方案各自适用于相应的语篇、目的和特定要求。译者构想这些方案（生成可能的翻译策略）并在它们之间做出选择（选择一个最终的翻译方法）可能是一件困难和复杂的事情，但却可以在瞬间正确地完成。每当译者决定选择这个译法，排除其他译法时，他们都掺杂了一系列关于翻译是什么、该如何翻译的看法，他们在进行"理论化"……理论为生成和选择过程设置了背景。因此，作为翻译实践的一部分，译者在经常进行理论化。

皮姆认为，当译者与其他人讨论该问题时，个人的"理论化"过程公开化了。讨论过程中，他们需要借助一些大家有共识的词汇，例如"源语"（source text）、"译语"（target text）等。虽然这些术语并不一定表明谈论者在使用某个理论，但他们往往形成了一定的"翻译模式"（models of translation），而这些模式的后面常常隐藏着某种非常强大的指导思想。这样，相关的术语构成了模式，这些模式又形成了理论，为翻译可能或应该做什么设置了思想背景，指导具体的翻译实践。皮姆指出，只有当人们对于翻译的选择产生了分歧，并就此产生了争论，"理论化"中具有共同核心、共同出发点的一系列理论便构成了一个理论范式。

中外翻译研究经过大半个世纪的漫长历程，总体上殊途同归。我国学者虽然较早萌发翻译研究的学术意识，体现了传统美学的文化精神（如蒋翼振早在1927年就出版《翻译学通论》，提出"翻译学"这一术语），但是印象式、感悟式、经验式的研究方式较长时期笼罩着我国翻译界，直到半世纪前引进外论，翻译研究才开始与现代学科相结合。中西方译论的一个基本不同点是"中国译论重理论对于实践的指导，西方译论则重实践到理论的升华。因此，中国的传统译论体系谈论翻译困难、翻译方法、翻译经验的多，是一种趋向微观层次的译论体系。……相反，西方的传统译论体系则谈翻译原理、翻译种类、翻译属性的多，是一种趋向宏观层次的译论体系"。一般认为，中国理论思维的特点是感悟强于思辨、生命体验强于逻辑分析，但是这种情况正在改变——我国学者在认识语言共性和语言个性的基础上，通过逻辑分析和哲学思考，对于翻译学的本体论、认识论、方法论和价值观的认识正在不断深入。我国的译论研究，从早期的印象式、随感式、经验式，发展为改革开放初期的译介式、评点式和接轨式；进入21世纪以来，实证式、批评式、创新式研究新风渐起。西方译论在我国译坛的绝对强势地位已发生根本变化，国人翻译理论上的"失语症"已被治愈，我们看到了一批包括生态翻译学在内的我国学者自主开发的成果。而我国的应用（文体）翻译研究更是以适应国际文化交流、面向社会、面向经济、面向市场的实际需要为导向，其规模之大、挖掘之深、探讨之细体现了我国学者紧跟时代潮流，博学慎思，不断进取。

二、"一分为三"

"一分为三"既是世界观、价值观，又是认识论和方法论。作为世界观，它展开了一个动态、多元、升华的视域，对于理解翻译本质、翻译与人之间关系等本体论具有重大的启示作用。作为价值观，它承诺了一种尊重差异又谋求认同的合作、协调的精神，有利于探究翻译的伦理及文化生态问题。作为认识论，它指出了一个摆脱二元思维定式并通过翻译获得新知的路径。作为方法论，它是平衡综合性和分析方法的工具，有利于思考翻译理论和翻译实践之间的连接，从策略上促使理论与实践相结合。作为一个高度的理论概括，"一分为三"的视域已经获得翻译理论和实践自身的实证和多个学科的佐证。

佛经翻译史上慧远的"厥中之论"是结束文质之争的中庸译论。近代马建忠的"善译论"融通了两个三分的格局，兼顾语言、义理、神情以及原文（作者）、译文（译者）、阅读（读者）。而严复的信、达、雅三元标准是相互关联、相互依赖的统一体。"雅"不可或缺地唤起人对言的敬畏和尊重，作为中介能动地使信和达结合、互动，使译文升华为完善、适切的译文。"雅"既有"中庸"的伦理根基，又有"和合"的美学理想。现代翻译观中三元标准还有形似、意似、神似（陈西滢），忠实、通顺、美（林语堂），译言、译意、译味（金岳霖）等。"一分为三"的方法论在许渊冲的译论中有比较突出的地位，他的"三美论"（音美、形美、意美）、"三化论"（浅化、等化、深化）、"三之论"（知之、好之、乐之）、"三似论"（意似、音似、形似）、"三势论"（优势、劣势、均势）以及他的优化论、竞赛论、艺术论等都渗透着"一分为三"的辩证思想。他批判翻译的"准确和完整"标准，认为这是把翻译笼而统之地当成了科学。

我们把本体之外、与翻译相关的学科分为三个层次，恰好与这一视角耦合。本体之外的内环（一环）、中环（二环）、外环（三环），既表示与本体关系的远近、密切程度，也表示译学发展的先后顺序和层次。内、中、外三环三位一体，三者本身是一个既有联系、又有区别的翻译本体不可或缺的共同体。

说来也是，译学本体也可以分为三个层次：翻译原理、翻译策略、翻译技巧。翻译理论研究涉及翻译现象的各种问题；翻译史描写自古至今翻译的进步和译论的发展；翻译技术则在工具层面上解决翻译问题，包括词典、计算机、网络及其他翻译工具和手段。

当然，"一分为三"只是看问题的总体视角，在具体问题的处理上并不排斥"一分为二"或"一分为多"的分析方法。

第二节 认识翻译

人们认识事物的本体往往从该事物的性质开始。

翻译是一种人尽皆知的社会行为,但要给翻译下一个既全面又严谨的定义,还不是容易做到的事。这正应了辞典编撰家 Berger Evans 在 *But What's a Dictionary For?* 中所说的"如果真的相信显而易见的事物容易下定义,那么你就掉进辞典编辑学最大的陷阱中去了"。相反,对于新奇独特的事物,谁都能很好地描述,而凡是俗情却难下定义。因为正是事物的这种普通性质,迫使我们要用不普通的词语来下定义。

一、先贤之见

翻译是一种最普通的事情,人们从不同认识、不同角度、不同需要给它下了无数定义。让我们来看看有代表性的高见。

1927年,蒋翼振的《翻译学通论》横空出世,在广漠的学海上空划出一道闪亮的光芒。在世界学术史上,词语意义的"翻译学"从此诞生。蒋氏对翻译学的定义很简单:"用乙国的文字或语言去叙述甲国的文字或语言;更将甲国的精微思想迁移到乙国的思想界里,不增不减本来的面目;更将两国或两国以上的学术做比较研究,求两系或两系以上文明的化合,这个学术,叫作翻译学"。

蒋氏的话以分号为界分三段,前两段涉及翻译,后一段直指翻译学,方法论上是比较(研究)和综合(化合)。可见,对于翻译学,我国学者80余年前已开始有了朦胧的学科思想,尽管与今天谈论的翻译学的学科体系相差甚远,但在那个时代实属远见卓识,世界领先。可惜国人在此后的一段时间内并未紧随其后进行系统研究,对翻译学有所建树。在此后半个多世纪的时间长河中,虽然我国译家译论不断,再现了传统译论的精髓,但翻译学作为一门相对独立学科似仍渺茫。

茅盾在《为发展文学翻译事业和提高翻译质量而奋斗》一文中对翻译,特别是对文学翻译,做了概述:"对于一般翻译的最低限度的要求,至少应该是用明白畅达的译文,忠实地传达原作的内容……文学翻译是用另一种语言把原作的艺术意境传达出来,使读者在读译文的时候能够像读原作时一样得到启发、感染和美的感受。"他又说,文学翻译"不是单纯技术性和语言外形的变易",而是"通过原作的语言外形,深刻地体会了原作者的艺术创造的过程,把握住原作的精神,在自己的思想、感情、生活体验中找到最合适的印证,然后运用适合于原作风格的文学语言,把原作的内容形式正确无遗地再现出来"。茅盾从文学角度来阐释翻译,有人根据他的论述,概括地提出:翻译是艺术、是创作、是科学、是技术。

这里笼统地指出翻译的四个方面的特征，但并未对"翻译"一词作有效的界定。

从语言学的角度来定义翻译，首先要区分语言和言语两个概念，把翻译看成具体言语的转换，而不是语言系统的转换。卡特福德认为翻译是"把一种语言（译出语）的话语材料转换成另一种语言（译入语）中对等的话语材料"。

一般辞书则给出比较通俗的、不带学科倾向的定义。上海辞书出版社2010年版的《辞海》把翻译定义为"把一种语言文字的意义用另一种语言文字表达出来"。商务印书馆1996年版的《现代汉语词典》则补充了"翻译"的内涵，表达为"把一种语言文字的意义用另一种语言文字表达出来（也指方言与民族共同语、方言与方言、古代语与现代语之间一种用另一种表达）；把代表语言文字的符号或数码用语言文字表达出来"。上述两项表达都强调语言文字的翻译，即笔译，而翻译的概念显然应包括口译。《不列颠百科全书》给出的定义较好地解决了这一矛盾：A continuous concomitant of contact between two mutually incomprehensible tongues and one that does not lead either to suppression or extension of either is translation（New Encyclopedia Britannica Macropedia）. 其意为：两种语言不通的人，在接触过程中需要伴随一种连续的手段，这种既不扩大又不缩小原意的手段就叫作翻译。concomitant意为"相伴物""伴随的情况"，这实际上包括口头的伴随过程（口译）及书面的相伴材料（笔译）。

以上从语言学角度的定义和三种工具书所提出的定义都只强调意义的准确表达，对翻译过程中形式的处理没有规定，即没有顾及翻译的意境、文体、功能和目的等，因此将其作为翻译学科的术语是不充分的。

美国翻译理论家奈达在给翻译下定义时局部克服了上述缺陷。他说："所谓翻译，是指从语义到文体在译语中用最贴切而又最自然的对等语再现原语的信息"。奈达的表达一度为译界更多人所接受，因为：①奈达把翻译的逻辑重点放在"再现原语信息"（物质、能源、信息是当代人类社会赖以存在的三大支柱，三者是流动的。在信息流动中，翻译的功能在于"再现原语信息"）；②奈达不但重视语义，而且也重视文体风格的再现，他强调"如实地传递原文的信息"，其中包括文体风格方面的信息；③奈达所说的"最贴切"是对原文内容而言的，即译文要忠实于原文；而"最自然"是就译语而言，即要使译语读者（或听者）感到自然通达。这样，才能使原文读者对原文的感受和译文读者对译文的感受达到等效。

随着社会的进步和科学技术的发展，翻译的内涵越来越丰富了，界定它的定义需要不断完善，以更精确、更全面地反映现实。这是因为：①相邻学科的发展，加深了人们对翻译的认识；②翻译操作的对象不局限于自然语言；③社会对译品需求的形式多样，不局限于完整的语篇，不一定需要"从语义到文体"再现原语的全部信息，可能要求部分或综合地再现原语信息。再说，翻译不仅仅是由人直接参与的口译或笔译，可以是光电编码器信号的转换、人机互译、机器翻译等。对此，奈达给翻译所下的定义又不完全适用了。例如，在自动数据处理中，翻译被定义为"将计算机信息从一种语言转换成另一种语言，或将字符从一种表示转换成另一种表示。"

二、当代之说

"翻译"是一个多义词，用英文可区别出它的不同含义和不同用法，主要有以下五种含义：①翻译过程（translating）。②翻译行为（translate/interpret，例如：他正在翻译一篇文章）。⑧翻译者（translator/interpreter，例如：请个翻译来）。④译文或译语（translation/interpretation，例如：他的翻译不地道）。⑤翻译工作（事业）（translation，例如：他干什么的？搞翻译的。）我们在《译学辞典》中按"翻译过程"将"翻译"定义如下：

翻译是按社会认知需要，在具有不同规则的符号系统之间传递信息的语言、文化、思维活动。

这一定义包含三层意思：①翻译的目的在于满足不同的"社会认知需要"；②翻译活动的操作空间存在于"具有不同规则的符号系统之间"；③翻译的性质是传递信息的语言、文化、思维活动。

翻译离不开社会认知的需要。自古以来，翻译总是按一定的社会集团利益来进行的。我国古代的佛经翻译，明清时期的"西学东渐"，"五四"时期的新思潮的引进，以及改革开放后的翻译，无不是为了适应社会的需要。除了社会需要之外，翻译的认知需要也包括个人需要。例如，有人以翻译为手段聊以自勉、自习、自用、自娱等。但是翻译研究把翻译活动看成是一种社会活动，因为传递信息的符号一般具有社会性。根据社会需要，翻译分不同类型的口译和不同形式的笔译。

语言是人类传递信息的最重要的符号系统。译者主要跟语言符号打交道，所以"不同规则的符号"主要指不同的语言符号系统（此外，还有计算机语言、工程图学语言等人工语言）。语言、文化与社会不可分割，所以"传递信息"不是单纯的不同规则的转换，而是语言的具有社会意义和文化意义的转换与传递。语言深深地根植于民族的文化之中，生动地反映着民族的生活方式、风俗习惯、文化传统和心理特点。翻译必然涉及两种语言的不同文化。

翻译是传递信息的语言和一种文化思维活动。信息内容包括语义的、文体风格的、文化的。传递方式可以是书面的、口头的、图像的、机器的或人机交互的。在翻译活动中一般都要通过人类思维这一重要的智力媒介，即使是机器翻译，也是人类思维的间接表现方式。上述定义中没有对传递的质量加定语，诸如"等值的""等效的""动态对等的"等。进入社会的译语或译品就像别的社会产品那样，可能是优等的、合格的或次劣的，应有一定的标准来衡量。

第三节　翻译的价值

一个独立的社会群体往往会有一套完整的价值体系。面对翻译，人们遵从特定的价值基准而抱有一套信念、原则和标准。翻译的价值一般侧重于社会文化交际价值、美学价值和学术价值。

一、社会文化价值

社会的变革、文化的进步往往与翻译分不开。历史上许多著名的翻译家都以促进社会进步、弘扬优秀文化为己任。严复以探究"格致新理"来促进国家富强，他是以译书来实现其价值目标的。

鲁迅先生视科学翻译为"改良思想，补助文明"之大业。在他的翻译生涯中，科幻、科普翻译占有举足轻重的地位。鲁迅先生1902年东渡扶桑，1903年（时年22岁）即开始翻译活动：从日语转译儒勒·凡尔纳的科学小说《月界旅行》。其翻译目的是让读者"获一斑之智识，破遗传之迷信，改良思想，补助文明"。此后，他1904年译《北极探险记》，1905年译《造人术》，1907年译《科学史教篇》，1927年写《小约翰动植物译名》，1930年译《药用植物》，等等。对于科学翻译的意义鲁迅先生早已阐述得十分清楚。

我国单向引进外国文化和文明的时代已经一去不复返了。"中国文化走出去"已成为重要的国家文化战略，它既是文化自身发展的长远规划，也是运用文化的力量推动发展的一种战略。翻译，作为文化的一支，自然是发展和推动文化建设的重要力量。

纵览世界历史不难发现，冲突、对话、融合历来是文化发展的主题，翻译一直担负着调停人、中间人的作用。翻译的价值正在于此。

二、美学价值

无论是文学翻译或应用文体翻译都有一个审美过程，只是美的体验不同、意境不同、表现方式不同而已。研究表明，无论旅游翻译、新闻翻译、广告翻译，甚至科技翻译都有美学要求。当然，总体而言，文学翻译的美学价值表现得更充分。

"翻译中的审美体验一般遵循以下规律：对审美客体的审美再现过程的认识——对审美认识的转化——对转化结果的加工——对加工结果的再现。"可见，整个翻译过程是一个审美过程。译者（翻译主体）的审美认识和审美条件往往决定译文的审美效果和美学价值。

马建忠的"善译"、林语堂的"忠实、通顺、美"、许渊冲的"三美",无不把"美"作为翻译标准。许多优秀的译者把追求完美视作他们生命的价值。魏荒弩在《谈谈译诗》中说:"对任何事物,认识都不会一次完成,对于译诗艺术来说更有个不断完美的过程。通过修改,实现译品由野到文、由粗到精、由有缺陷到尽可能完美的境界。"

傅雷在《翻译经验点滴》中说:"《老实人》的译文前后改过八遍,原作的精神究竟传达出多少还没有把握。"这种追求卓越、追求完美的精神已成了优秀翻译家的价值取向,也成了翻译传达美、交流美的价值所在。

三、学术价值

翻译的学术价值并不在于翻译作为一项实践活动本身,而是说通过翻译,或以翻译为手段,人们进行学术研究,从而体现它的理论意义。

首先翻译学的学术研究离不开翻译实践,翻译实践是翻译理论的土壤。翻译过程作为一种心理活动虽然不一定能量化,但它是可以被描写的。翻译的结果是可以鉴别和比较的,从而可以确定它的优劣。

翻译研究作为科学研究必须有事实为依据,译文就是翻译的事实。科学研究需要实证,即用实际来证明,现代化的计算机大规模实证研究就是建立在翻译语料库基础上的。

翻译和翻译过程不仅是翻译研究的直接对象,而且也是许多学科的研究对象。哲学一直关注人、思维、语言、符号和世界的关系问题,特别是语言与思维的关系问题,语言哲学与翻译更不可分了。维特根斯坦的语言游戏说、奎因(Willard Van Orman Quine)的翻译的不确定性、海德格尔的现象学翻译观、德里达的解构主义、戴维森(Donald Herbert Davidson)的不可通约性,从不同的角度或解释翻译活动的现象,或给翻译研究以形而上的启迪。

文化学、比较文学、计算机科学等多种学科都以翻译和翻译过程为手段或依托开展理论研究或实践研究。

第四节 翻译研究的途径

翻译研究有不同的途径。途径是指研究事物、认识事物、表达思想的想法和做法。各种想法和做法经过分析、归纳和整理,抽象出来,上升到理论平面,就是途径。

半个世纪以来,翻译研究的途径"多重转向"(turns of translation studies):由语言学途径而至多学科途径，由多学科途径转向文化研究途径。文化转向完成后，后语言学途径又兴起，多种途径的综合研究受到重视。随着"多重转向"，新的范式和途径又渐次引入，新领域、新思想、新概念、新方法不断产生。以下列述了七种途径：后语言学途径、功能途径、文化途径、生态学途径、认知途径、社会符号学途径、翻译学途径等。

一、后语言学途径

后语言学途径摆脱传统"等值"的束缚，其核心观念已从传统的语言转换转移到译者及其与社会的关系，把翻译看成是社会争斗的场所。贝克（Mona Baker）认为："极为重要的一点是翻译研究的发展动态同人文科学中其他学科的发展动态是互相联系的。""翻译研究语言学途径这些年来已经发展得相当成熟了……Hatim、Mason 和 House 在1997年分别出版了各自理论模式的修订版，明确认可了诸如意识形态、政治氛围、市场力量等因素的重要性。"

近半个世纪以来，译学研究范式多变，但语言学范式伴随始终，且随着语言学科自身的开拓而不断发展。语言背后的政治、意识形态、权力等文化要素也成了当代语言学探究的课题。当代翻译的语言学研究一改过去只重原文、重形式、重规范、重共时、重微观的做法，也重视宏观的社会文化语境，以语料库为工具，实行实证研究。

二、功能途径

"功能主义"一词泛指用功能的途径研究翻译的多种理论。"功能"在这里主要指文本或翻译的功能。功能主义理论于20世纪70年代产生于德国，其代表人物是卡塔琳娜·莱思（Katharina Reiss）、汉斯·弗米尔（Hans Vermeer）、贾斯特·霍斯曼特瑞（Justa Holz-Msnturi）和克里丝汀·诺德（Christiane Nord）。莱思首先提出文本类型理论（Text Typology），为功能主义理论奠定了基础。虽然莱思坚持以原作为中心的等值理论，"但她的对等概念并非建立在词或句子的层次上，而是在整个文本的交际功能上"。莱思的学生弗米尔则摆脱了以原作为中心的等值论，提出了翻译目的论（Skopos Theory）。在目的论的理论框架中，决定翻译目的最重要的因素之一就是译者心目中的接受者，每一种翻译都指向特定的受众，翻译就是"在目标语情景中为某一目的及目标受众而制作的文本"。根据目的论，翻译的最高准则是译文由其目的所决定，即"目的决定手段"。曼特瑞进一步发展了功能翻译理论，视翻译为一种"为实现某种特定目的而设计的复杂活动"。她所提出的翻译行为理论（Translational Action）强调翻译过程的行为、参与者的角色和翻译过程发生的环境三方面。诺德则把忠诚（loyalty）原则引入功能主义，希望解决翻译中的激进功能主义问题。忠诚指的是"译者、原文作者、译文接受者及翻译发起者之间的人际关系",诺德认为译者应同时对原文和译文环境负责,对原文信息发送者(或发起人)和对目标读者负责。

三、文化途径

虽然批评语言学考察语篇和语言结构生成的社会历史背景及其背后的意识形态,后语言学翻译研究也吸纳了不少文化因素,但是文化研究作为一种途径和范式具有不可通约性。文化研究的独特视角和涉及领域是不可替代的。翻译的文化途径的着眼点:翻译的主旨是文化移植、文化交融;语言不是翻译的主要操作对象,文化信息才是翻译操作的对象。把翻译置于文化的背景下考察,不难发现,文化对翻译过程的介入是永恒的。审美意识、政治倾向、伦理道德、社会制度等的跨文化因素对翻译过程有着很大的影响。译者的增删变通,都是在特定的时空下文化制约的结果。其目的是更好地服务于本族文化,服务于政治、权力和意识形态的需要。翻译的文化途径中经常提到异化与归化的问题。异化与文化移植是一致的,而归化则是异化的逆向运动。从译作的表现形式来看,应当承认,没有哪本译作是绝对归化或绝对异化的结果,一般都是两者的混合物。无论怎样归化,总能反映出或多或少的异国风情。除了归化和异化之外,翻译的文化途径中还经常采用改写、阻抗等翻译策略。

四、生态学途径

生命科学延续了自20世纪中叶以来迅猛发展的势头。在美国《科学》杂志评选的年度世界十大科技进展当中,生命科学已经连续三年占据60%以上的份额。生命科学已成为自然科学中的领先科学,对人文社会科学研究也深有影响。生态学是生命科学的重要分支。生态翻译学独树一帜,是新世纪我国自主研究的重要学术成果之一,已引起普遍关注。除相关专著外,以生态翻译思想为主题的论文近几年在国内外主流译学期刊多有发表。

生态翻译论有进化论和生态论的学术背景,以达尔文"选择适应"学说的原理和方法为指导,以"翻译即适应与选择"的主体概念为立论基础,对翻译的本质和范式、翻译的策略和程序进行了新的系统的阐释。新理论催生新术语。"生态学与翻译学相结合取生态之要义,喻翻译之整体,基翻译之实际,在相关研究中形成了'翻译生态环境''翻译生态系统''译者适应''译者选择''求存择优''共生互动'等一系列术语和概念"。

五、认知途径

认知包括感觉、知觉、想象、注意、记忆、思维和语言的理解、产生心理活动的过程,是指直接依靠主体感知能力和思维能力,而不借助于实践手段认识客观事物的过程。翻译正是需要译者运用其掌握的知识使译作本身能体现源语文本的思想内容、美学品质、价值取向及情感归依。在翻译过程中,源语文本脱离源语语境,进入目的语语境。在这一转换过程中,必然会受到译者认知心理的限制,即受译者已经掌握的知识和思维能力的限制。

认知语言学的翻译观认为,翻译是一种认知活动。在翻译过程中,原语文本脱离原语的认知世界和认知环境,转换进入译语的认知世界和认知环境,必然会受到译者认知心理和认知方式的限制。所以,正确地理解原语的认知世界和认知环境是译者与原作者沟通思想、形成契合的重要条件。"翻译是以对现实世界体验为背景的认知主体所参与的多重互动为基础的,译者在透彻理解源语言(含古代语言)语篇所表达出的各类意义的基础上,尽量将其在目标语中映射转述出来,在译文中应着力勾画出原作者所欲描写的现实世界和认知世界。"

传统译论认为译者对多义词的处理要采用"词义选择"的翻译技巧。认知理论认为,同一个词(多义词)于不同的词组中会形成不同范畴和类别,而翻译正是将一种语言里的属类划分正确地映射到另一种语言里的属类划分。认知理论对翻译中的理解和表达有不同于传统理论的阐述。

六、社会符号学途径

该途径是陈宏薇根据尤金·奈达的社会符号学翻译途径,参照韩礼德的社会符号学语言理论,兼收语用学等其他学科的成果综合成的一种翻译法。该方法有以下要点:①翻译即翻译意义。符号学意义观适用于翻译。语言符号有指称意义、言内意义和语用意义;②翻译即交流文化。文化是社会各种符号系统的集合;③语言是一种独特的符号系统。语言中最重要的是语义系统,它体现语言的功能;④文本是具有功能和意义的语义单位,是在一定的语境中人们交际的过程和产物;⑤语境指文本得以有生命力的环境,它也是个符号学概念,指从构成文化的符号系统中派生出来的意义集合;⑥语域指语言的语体,是社会结构的一种体现,社会符号学翻译法强调语域特征的再现;⑦社会结构界定交际的各种社会情景并赋予它们意义,是语义系统生存发展的基本因素;⑧意义和功能是语言作为一种符号系统具备的固有特征,也是任何文本的固有特征。翻译标准拟为意义相符,功能相似。陈宏薇强调,意义相符,是指称、言内、语用三种意义相符。"当译者为达到这一标准在两大符号系统之间求同存异时,他们对文化的理解将更为深刻,对文化日益深化的理解反过来又加强了他们的领悟能力。悟性提高，直觉（intuition）便增强。这种直觉，不再是天生的悟性，而是经过从实践到理论，又在理论的指导下进行科学的实践而获得的直觉，是对翻译逐步知其然、还知其所以然的直觉。社会符号学翻译法有助于译者获得这种直觉，科学地进行翻译实践。"

七、翻译学途径

翻译学途径是谭载喜在《翻译学》一书中提出来的。他认为进行翻译研究最基本的途径有文艺学途径、语言学途径、交际学途径、社会符号学途径、翻译学途径。前四种是翻译研究中传统的研究模式，而"翻译学途径"则是谭载喜的提法。他认为翻译学途径主要的特点是高度的综合性、描写性、开放性和灵活性。其着眼点为：①进行多层面的对比；②提出多层次的标准；③建立多功能的模式；翻译学途径最重要的特征在于其综合性，这种途径下的翻译研究应从多层面、多元角度展开，旨在避免翻译研究的片面性。翻译学途径与语言学途径、文艺学途径、交际学途径、社会符号学途径有一个重要的区别：翻译学途径能提供多功能的理论模式，而后四种途径均只能提供单功能的理论模式。翻译学途径综合其他各种途径的特点，建立普通翻译学、特殊（或具体）翻译学和应用翻译学，理论模式中包括翻译的普遍规律总结、特殊规律的总结和具体方法的总结。普遍规律涉及一切人类语言和非语言的符号系统，解释翻译的一般原理，构成翻译理论的基本模式；特殊规律涉及具体的两种语言，解释具体双语的互译过程，检验基本模式的科学性，并使之不断完善；具体翻译方法是译学研究，特别是译者所关心的一个重要方面，它的产生主要有两个途径：一个根据已经上升为理论的翻译规律而提出，另一个是通过翻译实践，从经验中总结出来。而这些方法的具体运用，又在各个层次上受着翻译标准的制约。谭载喜认为，翻译学途径所要建立的理论模式，是一个综合性的、多功能的模式，它既具有语言学模式的特征，又有文艺学、交际学、社会符号学以及其他相关科学的特征，因此它的适用范围广，使用功效高，是翻译学研究的主要目标。

此外，还有哲学途径、文艺学途径等。哲学途径是西方翻译研究的传统途径。一般认为，中国理论思维的特点是感悟强于思辨、生命体验强于逻辑分析，但这种情况正在改变，我国译学研究中逻辑分析在加强，哲学思考渐成气候。21世纪以来，我国学者在认识语言共性和语言个性的基础上关于翻译学的本体论、认识论、方法论和价值观的不断探索，意义、诠释、客体、主体、主体（间）性、可译性与不可译性等成了永恒的主题。

以上途径均有不可通约性或不可替代性，是翻译研究日益进步的表征。

第四章　英语翻译策略

翻译策略的研究属于中观研究，目的是架设宏观理论通向翻译实践的桥梁。自成体系的翻译理论都有相应的翻译策略。另一方面，局部的、分散的翻译经验通过整合、归纳、提炼也可产生更具普遍意义的经验模块、翻译模式或实践型的翻译策略。

翻译策略这一外来概念被引进已近20年。它是翻译研究链条上的中间环节。翻译研究是宏—中—微相统一的系统性研究，既要建立核心理论，又要有中观策略的过渡，还要有微观技巧为依托。几十年来，宏观上翻译研究新理接踵而出、蔚为大观，微观上翻译研究连篇累牍、文献浩瀚。相比之下，中观的翻译策略研究似有更大的空间。

第一节　翻译策略的特征

在翻译理论的宏—中—微的系统研究中，翻译策略研究居中，既受宏观翻译理论的指导，又受微观技巧的检验。具有上通下达的衔接性。翻译策略处于翻译理论系统的中间层面，是更接近于翻译实践的层面，与宏观理论相比更具实践性。翻译策略随宏观翻译理论的发展和微观技巧的积累而发展，具有开放性。翻译策略可由宏观理论推导而出，也可由微观技巧进行综合、归纳，加以范畴化、概念化。经过范畴化和概念化之后的翻译策略是可复制的、可传授的，成为翻译专业教学的重要内容和手段。

一、衔接性

宏观理论通过对翻译本质的认识和价值判断来把握翻译，对具体的翻译操作的作用往往通过策略层面传递下去。宏观翻译理论可通过翻译策略来驾驭翻译操作。"现有的应用翻译理论与实践研究有两大缺陷：要么用理论来注解实践经验，形成理论与实践的两张皮，要么遵循'实践—现象—问题—性质—特点—归纳—概括'式研究路向，基于对有限翻译实践做经验总结，提出对策性原则，形成概念或命题化表征"。前者把理论问题简单化，把实践问题玄虚化；后者的"不足之处在于抽象孤立的概念或命题难以对具体复杂的应用翻译实践给予有理据的阐释，尤其是对翻译教学缺乏可描写和可证性的方法论指导"。应用翻译学研究是宏—中—微相统一的系统性研究，既要建立核心理论又要有中观策略的过渡，还要有微观技巧为依托。中观的策略是宏观理论与微观技巧、实践的桥梁，属技术理论范畴，它在译者主体的主观认识和实践客体的翻译操作之间形成认识结构和方法论结构，从而使理论与实践联系起来。

二、实践性

翻译研究的宏—中—微层次分明，领域各异，互有联系。宏观理论在认识层面，着重对翻译本质的描述、解释和认知。中观研究在技术层面，着重对翻译技术的设计和规划。微观研究在操作层面，着重对翻译操作的提示和示范。经常有人抱怨翻译理论不能联系实际。准确地说，应该是宏观翻译理论不直接联系实践，因为宏观理论的主要功能是认识功能、解释功能、批判功能、预测功能和方法论功能，它对翻译实践的指导往往通过中观策略和微观技巧来实现。尽管宏观理论可来自实践，但它又高于实践。宏观"理论与实践的桥接，找到中介物——技术理论范畴，即对实践主体的主观认识和实践客体的区间规律性形成认识结构、实践结构和方法论结构的统一"。

翻译策略一方面由宏观理论自上而下推衍出来，另一方面又从翻译实践中不断滋生。进入全球化、信息化时代后，翻译实务面广量大，新经验日新月异，从大量翻译实践中不断萃取实践型策略，如解释性翻译、"看易写"、深度翻译、陌生化、译前处理、"零翻译""双向理解""壮词淡化""突出主题信息""模仿、借用、创新"模式等。从实践中产生的中观理论，与实践的关系与生俱来。

三、开放性

翻译策略随着翻译研究的发展而不断丰富。近半个世纪以来，翻译研究学派纷呈，新理接踵而出，每一个学派都有不同于别的学派的翻译策略。翻译学派的特征不仅在宏观理论上，而且也在翻译策略上显现出来。自成体系的翻译理论总有与其匹配的翻译策略，两者相辅相成。译者在翻译过程中对传达原作内容和形式的总的设想、途径，都与宏观理论及其学派有关。一定的宏观理论有一定的中观策略，一定的策略常以一定的理论为依据。诺德（Nord）为实现目的原则而提出"纪实翻译"（documentary translation）和"工具翻译"（instrumental translation），"纪实翻译"和"工具翻译"自然成为目的论的组成部分。纽马克（Newmark）的"语义翻译"（semantic translation）和"交际翻译"（communication translation）以其语言学翻译理论为依据。文化学派的"改写""归化"和"异化"有意识形态、政治和历史背景的考量。苏联文艺学派对文艺作品的翻译方法就有自由主义、现实主义和形式主义之分。胡庚申生态翻译学的"三维转换"凸显生态平衡的原则。翻译理论在不断发展，宏观原理卵翼下的翻译策略也在不断生长。

四、可复制性

切斯特曼根据生物学家道金斯提出的模因论概念认为，翻译策略可以看作被译者广泛使用的并且被公认为概念性工具的标准，受训的译员学习这些标准，并将其代代相传，成为一个模因池，而这个模因池不是一成不变的，它是开放的，处在不断地发展、调整和变化之中。模因的概念最早是由生物学家道金斯提出的。"根据道金斯的观点，模因是一个文化信息单位，那些不断得到复制和传播的语言、文化习俗、观念或社会行为等都属于模因。模因可以看作复制因子，也可以看作文化进化单位。人们的观念可以经由与生物进化相类似的方式进化。有些观念比另外一些观念更具生存力；观念可以因人们的传播得到流传，并可能在流传过程中发生变异。两种观念可以通过重组或整合产生新的观念，而新的观念经常包含了原先旧观念中的某些因子"。

切斯特曼特别指出翻译策略可以通过习得行为被教授。也就是说翻译策略可以通过有意识地培养而得以发展和完善，从而形成翻译策略能力。翻译实证研究学派一直坚持策略中心说，并且将翻译策略能力与认知能力结合起来。切斯特曼把翻译策略能力的培养分成四个阶段：新手阶段，即翻译策略被作为一种概念来习得，学生被教授通过对比模式来辨认分析文本中预先设定的翻译策略；高级初学者阶段，即学生们可以通过对比自己的译文列出所观察到的翻译策略，同时也可以让学生以某一特定的翻译策略来翻译某一文本中有标记特征的段落；能力阶段，即关注策略的分析，回答"为什么"的问题，分析译者选择某些翻译策略可能的原因、优先性和目的；成熟阶段，即翻译策略能力的培养从分析思维过渡到直觉行为。学生在某种压力之下进行翻译，他们对合适的翻译策略的把握是通过直觉行为而不是停下来做过多的关于策略的详细思考。也就是说，切斯特曼对学生翻译策略能力的培养是从 operations 到 actions 的过程。

即使反对建构翻译学的张经浩，也认为翻译实践的理论总结在翻译教学中对学生有导向作用，他说在"从事了13年文学作品翻译后，对实践进行了一些理论总结，出版了《译论》。我把这本书用于翻译教学，实事求是地说，它不能帮助学生解决翻译中的具体问题,但有导向作用"。其实,翻译策略只能起导向作用,翻译过程中的具体问题译者要通过不断提高实践能力来解决。

第二节　翻译策略的要素

任何翻译策略都有三个要素:理论因子、目的指向和技术手段。

一、理论因子

当代自成体系的翻译理论都包含一定的翻译策略。反过来,不同的翻译策略也各有一定的理论渊源。20世纪60年代,奈达提出动态对等的理论:译文对译文接受者所起的作用,跟原文对原文接受者所起的作用大体对等。为了达到动态对等,奈达提出"四步模式"(分析、转换、重组、检验),"四步模式"来源于奈达的动态对等理论。

与纽马克的功能翻译理论配套的有语义翻译和交际翻译的策略,其策略的理论基础是文本类型学和篇章语言学。纽马克把翻译题材分为真实性和虚构性,文学性和非文学性,不同的文本采用不同的翻译策略。

勒菲弗尔的改写是文化学派的代表性策略。该策略以译入语文化的意识形态、诗学和赞助人为三大理论要素,涉及翻译、阐释、评论、编选文集等。

严复的《天演论》就是达旨式的译文。对他来说,"达旨"既是翻译原则,也是翻译策略。包含增补、解释和评论的"达旨"是严复的策略。胡庚申的翻译选择适应论,也有文化、交际、语言的三维转换和事前预防、事后追惩之类的策略。

所以,但凡一种以联系实践为指向的翻译理论,都要有配套的策略做过渡。当然,空对空的纯理论因为功能不同,不以解决实际问题为目标,另当别论。

二、目的指向

切斯特曼的翻译策略是在翻译规范的理论背景下进行描述的,翻译策略突出以目的为导向、以问题为中心。"Chesterman在'规范'与'行为'之间加进了4策略的概念,而'策略'正是将规范行为与目的行为关联起来的衔接概念。在社会学的概念里,如果不止一个行为者具有相同的目的行为倾向与期待,那么目的行为就会发展成为'策略行为',因此,社会学里谈及目的行为时也使用'目的(策略)行为'一词。Chesterman的'规范行为'实际上就是规范约束下的'策略行为'"。

目的论把"目的准则"作为最高准则。这样,译者选择翻译策略或翻译方式以达到翻译目的,本身也成了目的论中的翻译目的之一。

文化学派主张异化,其策略目标是要突出源语文化,即译文要显示出有别于目的语文化的特异之处,包括语言形式、民俗习惯、文化传统等。

译者所采用的翻译策略与其所处的社会语境有关。翻译策略"是译者处在语言、历史和社会文化关系的张力中所做出的决策。在决策的背后隐藏着翻译活动发起人(initiator)的各种不同的翻译目的。需要予以特别关注的是,译者的翻译目的是多重的,因而为实现不同的翻译目的所采取的策略自然也就不同"。

三、技术因子

翻译策略中的技术因子与上层理论有关或从翻译实践经验、翻译技巧的归纳整理而得。

奈达于20世纪60年代在《翻译科学探索》中提出"动态对等"。意思是译文对译文接受者所起的作用,跟原文对原文接收者所起的作用大体对等。为达到动态对等,他提出了四步翻译模式:分析(analysis)—转换(transfer)—重组(restructuring)—检验(testing)。分析即从语义和语法的不同层面进行文本分析,转换即把分析得到的意义从原语转移到目的语,重组即按目的语规则重新组织译文,检验即对照原文检查译文,奈达将分析阶段分为语法分析、所指意义分析与内涵意义分析,四个语义范畴(semantic category),七个核心句(kernel sentence)和五个逆转换步骤(back-transformation)等。在分析中强调对原文要有准确的理解,如何将每一个词定性为某一种语义范畴,如何才能将表面上复杂的句子变成简单的核心句,从而为下一步"转换"做好准备。奈达对分析过程不厌其烦地一一阐明细节,分别处理细节,都是为充分地理解原文。而转换与重组是表达阶段的任务。为达到动态对等,就要遵循其"四步模式"。

严复从原文出发,为了达到他本人之"旨",在翻译中采用一般译者不屑、不为或不愿的种种方法,例如取便发挥、替换实例、改造原文,甚至把自己的观点强加于原文等的"实非正法"。为了达原文之旨,严复"不斤斤于字比句次",不拘于原文形式,重在内容,采用多种有效手段,用自己的语言译述。在《天演论》的翻译中"他一半通过翻译,一半通过按语,将他认为必需的达尔文基本原理、斯宾塞普遍进化观和赫胥黎以人持天、自强保种之新观点一一摄取,连同他自己的理解、倾向和强调,综而统之,注入书中"。总之,无论"取便发挥"也好,改造原文也罢,严复"达旨"的具体手法不外乎增补、解释和评论三种。

勒菲弗尔改写的技术因子是对源语文本进行重新解释、改变或操纵。翻译过程受到译者的意识形态和目的语文化中占主导地位的诗学的制约,因而对源语文本的思想内容乃至意识形态会有所改变。在翻译的第一个层面上,译者受到拥有"话语权"的赞助人的限制,但在具体操作的第二个层面上,译者有表现权,包括选择翻译策略。勒菲弗尔坚守国际通行的母语原则，即遵照从非母语译入母语的原则，强调改写者要受到母语文化诗学规范和意识形态信仰的制约。

第三节 翻译策略的构成

由上可知，每一种策略都有不同的要素。这些要素是如何结合起来的，这需要我们来研究不同策略的构成。归纳起来，翻译策略有三种构成方式：条件型、选择型和组合型。

一、条件型

条件型翻译策略是指在特定的条件下形成的策略，使用时要满足该条件。

勒菲弗尔的"改写"属于条件型策略。要实现"改写"必须满足三项要求：①在改写过程中，译者以目的语文化的意识形态为圭臬；②受目的语文化占主导地位的诗学的制约；③译者按母语原则从事翻译。在我国的外宣翻译中，有人把淡化汉语浓墨重彩的描写，简化架床叠屋的程式也称为"改写"。这与勒菲弗尔的改写相去甚远。既然是我国对外宣传，译者不可能以译入语的意识形态范之，也不见得采用对方的诗学形态，当然更不是母语翻译。所以，我国对外传播中按照我国意识形态和政治要求在翻译中进行文字处理与勒菲弗尔的改写风马牛不相及。

解释性翻译由直译（有时为音译）加注释构成。一般用在双语文化或语言差别很大，译入语难于直接表达的场合。如果双语文化或语言差异不大，可以直接表达，还是不用解释性翻译，即不用文内注或文外注为好。

双向理解不但要求理解原文，而且要理解目的语词语的深层含义。"双向理解"策略的要素为文化对比。文化对比通过形式、意义和分布三者进行。三个层次并非孤立地存在，它们互有联系。其中，分布不仅指词语可能出现的环境，而且指词语在实际环境中的使用。从本族语和外语两个方面做全面的理解，而不仅仅是对一种语言的字面上的理解。

二、选择型

选择型策略指由平行的几项分策略构成的一组策略，翻译时根据文本类型和翻译目的选择其中一组策略或主要选择其中的一项。

丁衡祁提出公示语翻译的ABC策略，即"照搬（Borrow）—改造（Adapt）—创译（Create）"的策略。实际上是根据不同语境和翻译要求提出三种不同的翻译方法：如果英语中有现成的、对应的表达，可以直接照搬；如果英语中有类似的表达，可以参照，加以改造；如果前两种情况都不存在，那么就按照英语的习惯和思路进行创译并充分考虑英语的表达习惯。公示语英译可从照搬、改造和创译三者中选其一。

纽马克的语义翻译和交际翻译，诺德的工具翻译和纪实翻译，豪斯的显性翻译和隐性翻译，都是选择型翻译策略，要求译者根据不同的文本类型来选择决定。再如，目的论从功能角度有同功能翻译、类功能翻译和异功能翻译之分。三者皆有相应的翻译策略，也是选择性的。目的论认为，原文和译文是两种独立的具有不同价值的文本，会有不同的目的、功能。译者应根据翻译目的、译语受众和情景，选择相应的功能和策略。

三、组合型

组合型翻译策略通常由几个要素共同合成，各要素间有机结合，不可分开，这些要素一般顺序而为。

奈达的"四步模式"：分析—转换—重组—检验，逐一进行，不可颠倒，也不可缺漏，按照奈达规定的四个步骤的具体做法，顺序而为。

应用翻译的"看译写"的策略就是"阅读（看）—转换（变易）—（用英语）写作"三步，组合起来，形成完整的策略。

第四节　翻译策略分类

翻译策略有不同的分类方法。即总体策略与局部策略之分，有文化视角者为总体策略，依语言学视角者为局部策略。总（整）体策略与局部策略还可有另一种理解，即把总体策略理解为可以针对任何文本的翻译策略，如直译、意译；而局部策略只针对某一类文本的翻译策略。纽马克认为"翻译方法是与整个文本相关联的"。据此，他提出语义翻译和交际翻译两种不同的翻译策略。又如，德国目的论根据文本类型提出工具翻译（instrumental translation）和纪实翻译（documentary translation），前者主要适用于应用文本的翻译，后者主要用于文学翻译。还可以根据翻译过程分为理解策略和表达策略等。本文根据历史形成、理论渊源和实践指向把翻译策略分为三类：传统型翻译策略、理论型翻译策略和实践型策略。传统型策略贯穿中外翻译史，以直译、意译和音译为代表。理论型策略产生于语言学翻译研究之后，自成体系的翻译理论常有配套的翻译策略。实践型策略从大量翻译实践中总结、归纳、概括，水到渠成。

理论型翻译策略又分为语言学派策略、文化学派策略和目的论的策略。方法（策略）和理论有着天然的联系。"理论的意义在于确认研究对象的实情和找到发展规律，因此任何理论都有方法论特征和价值，而方法的意义在于告诉人们人的认识活动和实际行动是如何依据研究对象的实情而进行的,因而任何方法论都是理论功能的伸展。"理论性翻译策略是指某一翻译理论或学派所主张的翻译策略,产生于不同学派或来源于不同的翻译理论。由于理论家对翻译有不同的价值取向,从不同角度关注其研究对象,衍生出不同的方法和策略。翻译理论要是离开了具体的解读和实施的方法,那可能就是无的放矢,人们很难准确地理解与把握。翻译理论与其对应的策略相辅相成,互为依靠。

以下分传统型翻译策略、语言学派策略、文化学派策略、目的论策略、实践型策略五个部分分别叙述。

一、传统型翻译策略

传统型翻译策略主要指古已有之的直译、意译和音译。直译、意译之争贯穿于中外翻译史。安世高是我国最早的佛经翻译家之一。他所译经论主要传播小乘佛教的基本教义与修行方法。梁皎慧《高僧传》评他的译本"义理明晰,文字允正,辨而不华,质而不野"。安世高是我国翻译史上最早的直译派的代表,他的译本有的流传到近代以后。而古罗马著名的演说家、政治家、哲学家和翻译家西塞罗(公元前106年至公元前43年)在他的翻译理论中"主张活译,反对直译",认为"直译是缺乏技巧的表现,应当避免逐字死译,翻译应保留的是词语最内层的东西,即意思"。

二、语言学派的翻译策略

语言学派最早提出翻译策略。语言学派的策略随着语言学的发展和语言学翻译研究的深入而发展。语言学把译学从经验研究带入人文科学研究的殿堂。近半个多世纪以来,语言学迅猛发展,推动着翻译研究的进步。语法学、对比语言学、语义学、文体学、系统功能语言学、社会语言学、语用学、话语分析、篇章语言学、语料库语言学、批评语言学等的相继创立和发展为翻译研究不断注入新的血液,使翻译研究与时俱进,新的翻译策略随之产生。

三、文化学派的翻译策略

文化学派研究译文产生的文化渊源,主张将翻译与政治、经济、社会、意识形态等多种文化因素联系起来。相应地提出改写、归化、异化、阻抗、创译、文化移植、文化置换、同化等翻译策略,现择要介绍前五种。

(一)改写

"rewrite"在语文词典上的意思是"to write sth. again or in a different way in order to improve it or change it",即改善或改变原文而重写。但是勒菲弗尔的"改写"完全不是这样,他认为:"Translation is, of course, a rewriting of an original text. Rewriting is manipulation, undertaken in the service of power."认为翻译就是指在一定的权力、意识形态、机构的操控下对文学的一种解释。翻译就是对原文的改写;改写是在权力运作下的操控,而且翻译只是改写的一种形式,其他手段还包括历史书写、选集、评论、编撰等;改写成了推动文学演变的动力,起着重要的作用等。所以勒菲弗尔的rewriting跟普通语文词典的释义有很大出入。根据义素分析,勒菲弗尔的rewriting保留了原来的核心元素"to write sth. again""in a different way""in order to change it"。

勒菲弗尔揭示,所有的改写者都受到目的语文化内在的诗学规范和意识形态信仰的制约。应该认识到的是,大部分人(如果不是所有人的话)在分享某一特定文化的过程中,都不可能接触到"原作",而这一文化却声称是建立在这些"原作"的基础之上的。因此,我们应该知道,对大部分人来说,种种改写形式,包括翻译,就是原作。由于这种rewriting是以某种方式对源语文本进行重新解释、改变或操纵,而在这一过程中,受到了译者的(有意识或无意识的)意识形态和目的语文化中占主导地位的诗学的制约,因而对源语文本的思想内容乃至意识形态会有所改变。Rewriting也译为"重写",这一概念在巴斯奈特和勒菲弗尔论述"cultural construction"这一概念时,得到了更为详细的论证和阐释。

(二)归化翻译

这是韦努蒂用来描述翻译策略的术语,在此类翻译中,译文采用明白、流畅的风格,以使目标语读者对外来文本的陌生感降到最低。韦努蒂把这一术语的起源追溯到施莱尔马赫关于翻译概念的著名表述,指这类翻译会"尽可能不扰乱读者的安宁,让作者去接近读者"。然而,韦努蒂认为归化这一术语含有贬义内涵,因为它被看作主导文化中的通用原则。这些主导文化"是一些带有侵略性的单语文化,它们不接受外来的东西"。韦努蒂认为,这些文化"习惯于行文流畅的翻译,这些翻译用(目标语的)价值,通过隐形的方式,来刻画外来文本,并使读者在他者文化中意识到自己的文化而自我陶醉"。这里,"隐形"的概念非常重要,因为它在视归化翻译为标准翻译的文化里,被用来描述译者在做出能为社会接受之目标文本过程中所起的作用。实际上,正是因为译者的隐形才同时"决定并掩盖了不易觉察地驯化外来文本的过程"。这样,基于归化翻译之上的方法就会包括如下步骤:精心选择有助于以这种方式翻译的文本,有意识地采用流畅、顺耳的目标语风格,改编目标文本以符合目标话语类型,添加解释性材料,删除源语独有特征(realia)以及以目标语的预设与取向来使目标文本变得总体和谐。韦努蒂指出，归化翻译是英美文化中占支配地位的翻译策略，并认为它与存在于英美文化与其他文化之间的不平衡文学关系是一致的。他进一步指出，由于归化翻译广泛服务于本国事务，因此有意识地采用其他翻译策略来挑战它的主导地位，这是很有必要的。

（三）异化翻译

又称"minoritizing translation"（小众化翻译，少数化翻译）。韦努蒂使用的术语，指生成目标文本时会通过保留原文中某些异国情调的东西来故意打破目标语惯例的翻译类型。韦努蒂认为，这样的概念来自施莱尔马赫。施莱尔马赫论述了这样一种翻译类型，在此种翻译中，"译者尽可能地不扰乱原作者的安宁，让读者去接近作者"。韦努蒂评论说，施莱尔马赫将异化翻译当作首要的翻译策略，他建议在把归化翻译（domesticating translation）当作标准方法的"过于自信的单语"文化（如英美文化）中采用异化翻译。以这种方式采纳异化翻译将是"在世界事务的现行状态里一种战略性文化干预"，因为它将对优势文化那种试图压制译文中的异国情调（或称"他者"）的心理提出挑战。韦努蒂将异化翻译描述为一种"民族偏离的压力"，并因而认为它具有"记录外来文本的语言和文化差异，使读者置身国外"的作用。具体地说，这样的策略不仅意味着可以不必绝对地服从目标语言和文本的限制，还意味着在适当情况下可以选择不流畅的、晦涩难懂的风格，可以有意地收录源语的独有特征（realia）或目标语的古词（archaisms）；这些特点合起来就会达到给目标语读者提供一种"迥异的阅读经验"的效果。然而，因为即便是外国味的建立都要"依赖国内文化素材"，所以韦努蒂承认异化翻译"在解释外来文本时（与同化翻译一样）有同等的偏向性"；然而，他又指出，它们"倾向于显耀它们的这种偏向，而不是将其藏匿起来"。英语中异化策略的例子包括庞德（Ezra Pound）的翻译以及纳博科夫（Nabokov）对普希金（Pushkin）的诗歌《尤金·奥涅金》的著名直译。

（四）阻抗

韦努蒂采用的术语，指保留文本异国情调的一种文学翻译策略。在此意义上，它大致与异化翻译（foreignizing translation）同义。韦努蒂认为，有一种观点在英美文化中很流行，即唯一有效的翻译方法就是在目标语中生成流畅的目标文本，目标文本极其"透明"，以致可能被人误以为是目标文化的作品。阻抗翻译即被认为是对这一观点的挑战。所谓阻抗，它一方面使"译文读者和译者从通常支配着他们的阅读与写作的文化限制中"解放出来，另一方面又"通过运用英语文化作为在该文化中占次要地位并为该文化所排斥的各种思想观念和推理技巧的载体，对英语文化的主导……地位"提出质疑。韦努蒂认为，文化差异隔离了源文本与目标语，面对这些文化差异的经历对读者而言就是一种潜在的解放过程。在实际中，阻抗包括在译文中使用不符合语言习惯的表达形式以及其他在语言与文化上的外来特征，以此形成一种异族印象。这样，它要求译者成为"自己语言的流浪者，母语的逃避者"。但是，正如韦努蒂所指出的，采用阻抗式翻译策略并不一定可以增加译文的忠实（faithfulness），反而有可能造成一种"滥用的忠信"。在这种译文中，源文本的一些特征丧失了，而另一些特征又增加了。于是，韦努蒂把翻译看作通过"不断遭遇相异点"这个行为去"寻找语言、文化之间的相似点的过程"。但是，译文绝不能企图完全消除这些相异点，采用阻抗式翻译的目的只是让读者注意到"翻译过程中的得失以及文化之间难以逾越的鸿沟"。

（五）创译

改写原文文本使其适应目标语文化和市场需要，不再带有翻译痕迹的创作，称之为创译（transcreation）。创译这种翻译策略在广告、营销、电视、音乐、出版等行业得到广泛的应用。此类的职业化翻译方法改变了人们传统的对等、忠实的翻译观，把翻译放到更大的文化语境中来考察，也就是常说的翻译研究的文化转向。过去通常把文化转向局限于文学翻译，其实非文学翻译，特别是职业化的翻译更需要注重文化的因素，这在本地化行业体现得特别明显。所以，克罗宁（Michael Cronin）提出实用翻译同样需要文化转向。

职业译者是应客户（或译文提供者）的要求而提供有偿服务，因此客户的利益高于一切。译者在做决定时不会考虑原文的读者，却需要考虑译文的用户（读者），并根据用户的需求而调整译文。这就是职业化译员职业精神的体现，即把顾客利益放在第一位。如广告翻译，译者除了要解决韵律、语用、句法、文本、符号等语言方面的难题，还需要站在用户的立场，去了解目标产品的市场营销、目标市场的法律、文化差异对营销的影响等非语言因素，从而再创做出有利于产品销售的广告，所以创译成为最主要的广告翻译策略。

四、目的论的翻译策略

德国功能目的论认为，翻译是一种有目的的活动。目的准则之一是"译、释、读、写皆遵循某种方式"，而且是使用读者所希望的该文本、译本的方式。这里的"方式"也就是"使用特定的翻译策略和翻译程序"一目的论的三大目的之一。现将目的论中的有代表性的翻译策略介绍如下。

（一）纪实性翻译与工具性翻译

诺德（Christiane Nord）在其著作《翻译中的文本分析》一书中从功能目的论的原理出发，提出两种基本的翻译形式：纪实翻译（documentary translation）和工具翻译（instrumental translation）。纪实翻译是"对原文作者和源语文本接受者之间文化交际活动的记录"，比如在文学翻译中目的语文本将源语文本的思想翻译给目的语读者，且目的语读者也能清楚意识到他们所读的作品是译文。诺德对纪实性翻译所举的其他例子包括逐字翻译、字面翻译和"异化翻译"。在"异化翻译"中，为保持源语文本的地方文化色彩，译文会保留原文中一些具有文化特色的词汇，例如德语中独特的食物名称Quark（夸克）、Roggenbrot（面包）和Wurst（香肠）等。

工具翻译"是目的语文化里新的交际活动过程中独立传递信息的工具，旨在实现其交际目的，且目的语读者不会意识到他们所读到或听到的文本曾经以另一种形式在其他交际情景中被使用过"。也就是说，目的语读者所读到的译文就好像是用目的语写成的。而且原文和译文应具有相同的功能，比如计算机使用手册或软件的译文都应像原文一样，实现指导译文读者进行操作的功能。诺德称此为"保存功能型翻译"（function-preserving translations）。然而，她也举例说明了不可能保存原文功能的一些翻译类别，例如为儿童翻译的《格列佛游记》，以及将荷马史诗译成小说以适应当代读者的兴趣。

（二）显性翻译和隐性翻译

显性翻译（overt translation）和隐性翻译（covert translation）是豪斯（House）提出的两种对立的翻译模式。显性翻译是一种保留源语文化、使译作读起来像译作而不像原作的翻译方法。按照豪斯的模式，有些文本在源语文化中有着独立的地位，与源语语言和文化有某种内在的联系，直接以源语读者为服务对象。翻译这类文本，有必要采用显性译法，即译文不明显以译语读者为阅读对象。在进行这种翻译时，译者无意制造"第二原作"，因为"显性翻译就是看起来是译文，而不是原文"。由于翻译时严格以源语文化为取向，原作的功能无法在译作中保留。显性翻译是一种较为直接的语言转换，一般不需要进行细微的文化调整。牧师的布道、政治演说和艺术性强的文学作品等适合运用这种方法翻译。

隐性翻译与显性翻译相对，指一种使译作与原作功能等值、译文与译语读者直接关联、适合于实用文体的翻译方法。隐性译文读起来像原文而不像译文。这种译法的目的是掩盖译作的翻译本质，使译作与原作功能等值，适用于翻译在源语文化中没有独立的地位，或者说与原作的语言、传统、历史或文化的其他方面没有必然联系的文本。正因为缺乏具体的文化根源，原作的功能有时可以复制出来；而要使译作的文化结构与原作等值，需要经过"文化过程"。翻译广告、新闻、科技资料等文体时，运用隐性翻译方法是合适的；以使所传达的信息与新的读者最直接相关。隐性翻译与交际翻译、工具翻译等说法类似。

五、实践型翻译策略

实践型策略依靠翻译实践经验的积累，从中加以归纳、整理，使之集约化、概念化、范畴化。它不属于某种理论、哪个学派，理论的视角不同，但不妨碍采用相同的实践型策略。翻译理论和翻译策略所研究的对象有共同之处，实践型策略因此也能获得理论支持。

可以从不同的学科视角来解释经验型策略，例如可以用交际学的交际能力理论阐释解释性翻译。交际能力包括四个方面的内容：①能分辨符合语法的语言形式（语法的正确性）；②能分辨实际可接受的语言形式（语言的可行性）；③能分辨得体的语言形式（语言的得体性）；④能分辨一种语言形式的常见程度（语言的可接受性）。交际能力不仅包括语言能力，而且也包括对与之有关的社会文化因素的充分了解。交际中除了要求语法正确之外，解释性翻译还从接受者角度要求译文得体、语言具有可行性（进行适当的文内解释）和可接受性（解释特有的文化现象或交代必要的背景）。

系统的翻译理论固然能推导或衍生出与之相应的翻译策略。但是，翻译实践也是中观研究的天然土壤。在大量的翻译实践中，译者对翻译产生了丰富的感性认识和实际经验。将这些感性认识和实际经验加以类化、规范化或概念化，深入剖析其潜在的规律性，建立起涵盖面较广的经验模块，形成策略。从大量翻译实践中不断萃取实践型策略，如解释性翻译、"看易写""深度翻译""陌生化""译前处理""零翻译""双向理解""壮词淡化""突出主题信息"等。以下介绍前五种。

（一）解释性翻译

解释性翻译最早由段连城在总结对外宣传英译经验的基础上提出的。段连城主张"一般对外宣传的解释性翻译"，是与文献和专业性翻译相对而言。前者指对外国人介绍中国的一般情况，政治、经济、社会、文化、历史、人民生活、名胜古迹等各个方面均会涉及，形式可能是对外书刊的一般报道、各地一般的对外宣传材料，也可能是为外国人导游，同他们的一般交谈乃至"闲聊"。至于文献和专业性翻译，则是指官方文件、高级领导人的正式讲话和著作，以及外交会议、经贸合同、法律文书和科技交流等。这类翻译当然要求比较严谨，译者不能任意解释，但"对号入座"的译风也不可取。

解释性翻译是把要解释的内容（通常因此而加注）融合到译文中去，使译文一气呵成，巧妙传达出原文的含义与风格。解释性翻译不仅仅适用于对外宣传翻译，一般用在双语文化中或语言的差异很大、目的语难以直接表达的场合。进行

"解释性翻译",译者可以而且应该对原文加工,一般是动三种"手术":一是"镶补",即补充外国人不懂的背景,通常是加几个字或最多加一两句话;另一种"手术"可以称为"减肥",这指的是对堆积辞藻的"美文"进行加工,删节"溢美之言"和"不实之词",如龙舟赛的宣传品中诸如"银河流星""海市蜃楼""水晶宫""群英会"等,都可一概删节,改成简练的叙述,"抢鸭勇士谱水上凯歌"何所指,恐怕中国人也不懂,不如说"You'll see an exciting contest of swimmers trying to seize ducks.(你会看到游泳健儿在水上追逐鸭子的紧张比赛)";再一种常动的"手术",可称为"重组",就是按外文表达的需要,把原文的句子拆散,重新组合。一般而言,句子以简短为好,比较符合现代生活的快节奏,段落也可重分,且以短为宜。

(二)"看易写"

林克难是这样解释他的"看易写"的:所谓"看"就是译者大量地阅读各种各样应用英语的真实材料(authentic material)。中国式英语之所以在应用翻译领域触目惊心,很重要的一个原因正是译者恐怕从来没有看过一份类似情景下的英语原文材料。

"看"与"译"是密不可分的一对。"看"是基础,"译"是结果。不"看"很难"译"出规范、自然的译文。我们以前应用英语的翻译质量之所以老上不去,与翻译过程中缺乏"看"这个环节有很大关系。必须强调指出的是,"看"的目的除了碰巧遇到一些拿来就可以用的现成的句子、词组之外,更重要的是熟悉某种应用文体的格式,以便在"译"这个环节上加以运用。

应用翻译三字诀的最后一个字是"写"。应用英语翻译是一种功能性很强的文体。比较理想的办法是,翻译发起人将需要翻译的主要内容告诉译者,然后放手让译者根据他掌握的相关文体特点自己去写。这比第二种办法"译"还要好,译者有更多的自由发挥的机会,可以更加充分地运用自己掌握的文体知识,译出更加符合译入语读者欣赏习惯的文字来。

(三)深度翻译

亦称"厚重翻译"(thick translation),指阿皮尔(Appiah)提到的通过各种注释和评注(annotations and glosses)将文本置于丰富的语言和文化环境中的翻译。在"深度翻译"一文中,阿皮尔通过分析一部非洲口头文学作品译成英语时的主要问题,揭示全球文化和政治经济发展的不平衡对翻译造成的影响。"深度翻译"这个概念也适用于任何其他含有大量解释材料的译作,不管这种解释材料是脚注、评注还是扩充的介绍。提供大量背景资料的目的,是使目的语读者对源语文化多一份敬意,让他们更好地理解异文化的人们思考问题和表达自己思想的方式。

我国晚清时期的翻译家严复翻译的一个特点是，在译文中附有大量的按语，对原著的历史背景、作者学术观点的历史地位、论述的精髓所在、中国传统文化中的类似理论以及作者观点中应予以商榷之处，均一一指出，对读者有很大的启迪作用。据粗略统计，严复所加的按语约占他所译的十部译著字数的十分之一，而《天演论》的按语字数占了全书的一半以上。严复的译作大概可以算作我国翻译史上最典型的"深度翻译"的例子了。

（四）陌生化

由诺贝尔文学奖曾经得主——爱尔兰诗人西默斯·希尼在其著作（Heaney）中提出。它指的是翻译过程中译者适当抛弃语言的一般表达方式，将译入语的表达世界变得"陌生"，以更新译者和读者已丧失了对语言新鲜感的接受能力，使翻译确实地履行传播信息，促进不同民族间相互理解和交流。刘英凯认为，陌生化与汉语的纯洁性是相互矛盾的。纯洁性是汉语赖以生存的根基，而陌生化则不断地增强着汉语的活力，两者相得益彰，不可或缺。翻译史已经昭示：外域语言现象初进译入语，难免有陌生感，但"有些生硬的洋话，经过时间这个熨斗熨来熨去，也渐渐变得自然了。30年前特异的说法因为一再为人采用已经成了'土产'，再过一两代也许给人视为陈腐"。

信息论要求提高单位信息密度，使有限的文字传达更多的信息。这除了提高现有文字的表达质量外，也需要有陌生化的表达。英语OPEC，当20世纪80年代刚刚音译并转写为"欧佩克"时，中央电视台播音员一面读出"欧佩克"，一面在荧屏下方出现"石油输出国组织"的字样，时隔不久，屏幕上的这七个汉字不再复现。人们由陌生而相识。由此，"欧佩克"三个字比"石油输出国组织"七个字的信息密度比提高一倍多。

（五）译前处理

作为中译外的一种策略，是指翻译之前对中文原稿进行处理。目的是使对外文稿适合政治需要、符合译入语语言习惯、达到译文效果。处理主要包括：①在尊重原文主要信息、充分领会原文精神的前提下，根据英语受众的接受心理、习惯，对原文进行语言处理，包括风格、文体、篇章等；②从外宣翻译的特殊目的出发，对那些不符合对外传播、对外宣传要求的，或者本来不必要、不适宜做对外宣传的原文材料进行预处理。处理的具体办法包括修改、增删、变通等。

第五章　英语教学中的语境与翻译

第一节　语境类别

一、概述

语境这个词在英语教学中很常见，语境即言语环境，它包括语言因素，也包括非语言因素。上下文、时间、空间、情景、对象、话语前提等与语词使用有关的都是语境因素。从语境研究的历史现状来看，各门不同的学科以及不同的学术流派关于语境的定义及其基本内容并不完全相同。从语用学的角度，王建平先生给语境下了定义："语境是人们在语言交际中理解和运用语言所依赖的各种表现为言辞的上下文或不表现为言辞的主观因素"。

语境这一概念最早由英国人类学语境家B.Malinowski提出来的。他区分出两类语境，一是"情景语境"，一是"文化语境"。也可以说分为"语言性语境"和"非语言性语境"。语言性语境指的是交际过程中某一话语结构表达某种特定意义时所依赖的各种表现为言辞的上下文，它既包括书面语中的上下文，也包括口语中的前言后语；非语言性语境指的是交流过程中某一话语结构表达某种特定意义时所依赖的各种主客观因素，包括时间、地点、场合、话题、交际者的身份、地位、心理背景、文化背景、交际目的、交际方式、交际内容所涉及的对象以及各种与话语结构同时出现的非语言符号（如姿势、手势）等。

二、语境对语言的影响

语言是人们的交际工具，而且人们的一切语言交际活动总是在一定的交际环境中进行的。语言学界称这种语言交际环境为语境。语境既包括语言因素，如书面语言的上下文、口语中的前言后语等，也包括非语言因素，如交际的时间、地点、场合、时代、交际对象以及社会、文化背景、自然环境等。我们可以称前者为"小语境"或"近语境"，称后者为"大语境"或"远语境"。语境是人们进行交际活动的场所和舞台背景，不同的语境规定了交际的不同类型和方式，所以语境对话语的语义和形式的组合及语体风格等，都有较大的影响和制约作用。因此，分析研究任何语言现象都必须和它所依赖的语境联系起来，若离开语境，把一个语言片段孤立起来作静态的分析，往往很难确定这个语言片段真正的结构价值和意义，现代语言学的研究不再满足一个自足系统的研究，而是要求更多地从社会文化的多角度、多层面地考察研究语言及其运用。在分析语言现象时，重视语言的社会功能和文化差异，强调在动态中并联系使用语言的人及具体语境来研究语言。所以当今世界语言学的发展总趋势是从抽象的结构系统的研究转向语言应用理论的研究，由语言的静态描写转向语言的动态功能的研究，从单纯的科学型向社会人文型发展，由微观的小语言向宏观的大语言发展，由单科性向多边缘交叉性、多方位性的综合研究发展。在这种新潮趋势的影响下，社会语言学、心理语言学、功能语言学、语义学、语用学、话语语言学、交际语言学、文化语言学、模糊语言学、信息语言学等相继问世和兴起。

交际中的语句（不论在书面或口头上）都和语境作为一个不可分割的整体出现，是互相依存的关系，如果忽视这种相互依存的关系，人类的交际就无法实现。事实上，忽略了语言使用的现实环境，我们就根本无法来讨论语言的具体含义，从而也无法准确地来分析语言现象。因此在各门语言学的研究中，语境都占有很重要的地位，诸如语法学中的"语法场""语用平面"，社会语言学中的"语域"、功能语言学中的"情景"说、心理语言学中的"语意心境"、修辞学中的"题旨情境"说、逻辑语言学中的"前提"、语义学中的"言外之意"、语用学中的"预设"更是离不开语境。其实，以上这些概念都是语境理论在各语言学科研究中的具体应用。这些各门语言学研究中的共同点不是偶然的巧合，恰恰证明了语境理论在语言研究和应用上普遍存在的重要价值。因此可以断定，语境学的研究今后将关系到整个语言学的研究和应用，特别是在人工智能和信息处理等尖端科学的研究中，它将产生难以估量的作用和影响。同时，语境学在语言教学，特别是对外汉语教学中具有很重要的现实意义。

乔姆斯基是著名的转换生成语言学家，他在开始创立"转换生成语法"时忽略了语言的语义部分及语境部分，直到1965年他发表的《句法理论的各个方面》中曾提出语言能力和语言运用的概念，同时也注意到了语境对语言的影响，并且提出了"语境自由（con-text-free）"和"语境制约（context sensitive）"等规则。但由于语境是千差万别、千变万化的，因此他还没有探索到语境的复杂变化的规律,仍然不能解释清楚在社会交际中使用语言的复杂现象。尤其在目前人工智能、机器翻译等研究中,乔氏的理论局限性就更明显了。由于语境与语言的关系,犹如土壤与植物的关系,是肉与血的关系,一切语言研究和语言运用都离不开语境,因此,有位日本学者曾建议设立一门"语境学"。我们认为在语言学领域中新设一门语境学是非常必要的,并且是势在必行的,语境学将是一把打开语言之谜的钥匙。它将引导人们在交际活动中去摸索言语结构及其发展变化的规律。语境的主要功能是对语言的制约作用。一切语言的应用和言语的交际总是限定在一定的语境范围之内,因此,语境对语言的语义、词语、结构形式以及语言风格等方面都会产生一定的影响和制约。

(一) 语境对语义的制约

在语言交际过程中,语境总是决定着交际的内容。常言说"上什么山唱什么歌""对什么人说什么话"。此情此景决定着双方谈话的内容,因此可以说,具体的语境对交际双方的每句话的语义都有制约作用,也就是说,每句话在不同的语境中所传达的信息不同。语境对语义的制约有如下几种情况:

1.身份不同的人所表达的语义不同

例如:一位教师说:"明天上午八点我去上课。"一个学生说:"明天上午八点我去上课。"上面的两个例句中,教师和学生虽然都说同样的话,由于教师和学生的职务身份不同而决定了同样一句话的语义不同,教师说这句话的意思是"去讲课",而学生说句话的意思是"去听课"。

2.不同的时间、地点、场合,有不同的语义

例如:"都八点了"如果这句话是在早晨,并且在家里正睡觉的孩子的床头说的,那么,这句话的语义是在催促孩子快起床上学。如果是上午八点在学校里或在教室里说的,那么这句话的语义是指上课的时间到了。如果是在假日的或晚上的公园里说这句话,那么这句话的意义则指朋友间约定的会面时间。

3.语境的潜在语义

要准确理解一个句子的全部意义,单单了解句子内部各词的组合意义是不够的。因为对句子结构本身的理解只是表层意义,是第一步;要想理解句子的全部意义还必须进一步理解句子本身外的潜在语义,也就是深层意义。因为一个句子给予人的全部意义,往往是由句子本身及其潜在信息共同提供的。而句子的潜在信息的两个主要来源则是句子的上下文和背景知识。因此有些句子离开上下文就很难理解。如《阿Q正传》中阿Q大喊"天门两块!"如果不联系上下文就不知所云,若结合作品中的前后情节才会明白这句话的意思,原来是阿Q在天门的牌位上押了两块钱。在言语交际中,人们总是根据交际双方所共知的前提或背景情况

而省略一些成分,以达到语言简明、经济的目的。所以在交际活动中的语言中,有些句子往往是残缺的,省略的形式,但是说写者可以用它圆满地表达思想,听读者也靠它毫无困难地获得信息,其原因就是语境提供了潜在信息。例如在北京的公共汽车上,乘客买车票时常"两个西单",很显然这"两个西单"是一种残缺的省略的语言形式,但哪个汽车售票员都能理解说话人所表达的意思是:"我要买两张到西单的汽车票"。

语言从本质上讲就是一个不自足的系统。从表达功能来看,语言并不会把所要表达的东西都体现在字面意义上,从理解的角度看,许多话语的真正含义单从语言结构本身是无法理解的,在特定的交际环境中,交际双方进行的常常是一种"只需意会、不必言传"或"只可意会、不可言传"的交际活动。

语用学中的文化背景知识不是人们所想的那样无边无际,它是和交际内容紧密联系的。背景知识不是词汇知识,而是那些词汇意义之外,在句子中呈现出来的社会文化方面的隐含意义。例如:"听说小王在美国取得了博士学位,大家真为他高兴。"这句话中的"博士学位",单从它的词汇意义理解是国家设立的最高学位,在这句话中它的隐含意义则是:取得博士学位是何等的不容易,又是何等的荣耀。再如:有人在美国听到一个工人说:"Today the eagle flies."如果仅仅根据字面理解为:"今天老鹰飞起来了",那就大错特错了。原来这句话里的"the eagle"是指美钞,因为美钞票面上有鹰的图案,就如同我们中国人把面值拾元的人民币称作"大团结""工农兵"一样。因此美国工人说这句话的意思是"今天是发薪的日子了!"

(二) 语境可排除歧义

语境制约语义的另一功能是它能排除任何语言中的歧义现象。当前语法学界正展开歧义结构的讨论,企图揭示语言的歧义的秘密所在。这固然反映了语法学界对汉语结构中一些精细微妙之处的关注,但由于这些讨论仍然脱离汉语的时空条件,孤立地就一些含有歧义的句子结构进行静态的分析,听起来头头是道,用起来却感到无的放矢。因为这些所谓歧义结构,不管是同形异构异义,还是同形同构异义,只要这歧义句一进入具体的语境(上下文)进行口语或书面交际时,歧义就都排除了。例如"咬死猎人的狗"这个大家常说的歧义句,如果对这个句子进行脱离语境的静态分析,诚然,这个句子既可以看作述宾结构,即"(狼或虎)咬死了猎人的狗",说明谁家的狗被咬死了;也可把这句子看作偏正结构,即这条狗就是"咬死了猎人的那条狗"说明这条狗是什么狗。但当这个句子在特定的语境的制约下,就会只有一种结构,一种语义:或者是述宾结构:"咬死了谁家的狗,或者是偏正结构:"咬死了猎人的那条狗",二者必居其一,在不同的语境中这两种不同的歧义结构形式，只能各表达一种意义。

再如"鸡不吃了"这种歧义句，属于同形同构异义："鸡"既可以作"吃"的施事者，又可作"吃"的受事者。但是当这个句子进入具体的语境时，歧义就自然排除了。如在酒宴吃饭的语境中说"鸡不吃了"，"鸡"当然是作为受事者，语义是"鸡不吃了，酒也不喝了"。如果这个句子出现在养鸡场或农家茅舍喂鸡时，"鸡"则是施事者，其语义是"鸡已经喂饱了，不再吃食了"。

（三）语境对词语的制约

孤立的一个词，不能说其好或坏，但当它进入到一定的上下文里，是好是坏就分明地表现出来了。古代写诗做文章时选词练字都是非常讲究的，目的是切合语境。相传古时有人写了一句"柳絮飞来片片红"的诗句，受到了同行们的讥笑，因为"红"字用在这里不通，跟"白"的柳絮相抵触。同行中有一位替他解围，就提笔又加了一句："夕阳方照桃花坞"，这么一句使原来用得不通的"红"字，都变得精彩起来了。因为夕阳正照桃花坞，红霞斜射，白的柳絮在红霞中飞扬，因而也就变成了"红"色了，这里用词由不通而至精彩，就是语境制约的关系。贾岛那句"鸟宿池边树，僧推月下门"诗中，在韩愈的建议下把"推"字改为"敲"字遂成"推敲"佳话，实际上也是为配饰诗中的语境才修改的。

词语的选择可以因语境而改换词语，也可以因语境而变通词语，甚至可以创造新词，以求得情景交融。例如：人们都拿着枫叶。……战士们背起背包，挎上了枪，走向夹道欢迎的人群。"万岁"声响起来了，火红的枫叶举起来了，孩子们奋力地撒着纸屑的花雨，欢呼着……不知道是哪个老妈妈忍不住了，捧着战士的手，第一个哭出了声，接着是姑娘们、孩子们哭出声来，然后是那些男人们无声的眼泪，低低地啜泣，这时候，战士们简直是在朝鲜人民送行的泪雨中进行。（魏巍：《依依惜别的深情》）这段话里的"花雨""泪雨"这些新词，都是因语境的关系而言到词成的，并且词新义切，既自然地适切了语境，又顺畅地表达了语义。

有些短语结构也因语境的制约而发生变异，并合乎情理。例如：不是焦大一个人，你们就做官儿享荣华受富贵？你祖宗九死一生挣下这家业，到如今了，不报我的恩，反和我充起主子来了。不和我说别的还可，若再说别的，咱们红刀子进去白刀子出来！（曹雪芹：《红楼梦》第七回）平常人们说："白刀子进去，红刀子出来。"这是符合生活逻辑的。但这里焦大却因喝醉了酒，说话颠三倒四，便说"红刀子进去，白刀子出来"正"是醉汉口中文法"，根据当时的语境写出如此醉话，堪称传神之笔。然而许多后来流行的版本，却把这句话又改作"白刀子进去，红刀子出来"，表面看来合乎逻辑，但却有悖于语境中的逻辑，因而失掉了艺术的光彩。

袁仁林在《虚字说》里认为："实字虚用，死字活用，此等用法，必由上下文知之，若单字独用，则无从见矣。"英国语言学家奥斯汀在其《论言有所为》中也说："言之用，在一定程度上要从上下文里才能得到解释"，

"某一陈述的真实性与谬误性，不仅仅决定于词的意义，也决定于你在什么环境下所为何事。"语境对句子的制约，主要是对句型、句子结构、节奏以及句子风格上的制约，如下有几个例子：

例1：在我的后园，可以看见墙外有两株树，一株是枣树，还有一株也是枣树。（鲁迅：《秋夜》）

作者用了重复的句式："一株是枣树，还有一株也是枣树"，而不说"有两株枣树"。用重复句式也是从语境的需要出发，这样正切合《秋夜》中"我"当时的心境：即苦闷、彷徨和孤寂的心情。但"我"虽孤寂也并不消沉，虽彷徨而并不停顿，而是积极地准备战斗。所以这里用重复的句式是为了突出枣树，预告枣树将在本文中具有异乎寻常的意义。下文则写出了枣树的战斗精神："枣树虽然受了打枣竹竿的皮伤，但最直最长的几枝，却默默地铁似的直刺着奇怪而高的天空！"，这个重复的句式是根据上下文的需要而撰写的。

例2：一天是阴沉的上午，太阳还不能从云里面挣扎出来，连空气都疲乏着。耳中听到细碎的步声和咻咻的鼻息，使我睁开眼，大致一看，屋子里还是空虚；但偶然看到地面，却盘旋着一匹小小的动物，瘦弱的，半死的，满身灰土的。我一细看，我的心就一停，接着便直跳起来。那是阿随。它回来了。（鲁迅：《伤逝》）

句子的结构节奏是缓慢的，因为"睁开眼""大致一看"，是漫不经心的，反应也慢，看到的"却盘旋着一匹小小的动物，瘦弱的，半死的，满身灰土的……"这里用了慢节奏的定语后置句式，这是由"听到""睁开眼大致一看"这个语境所决定的。但紧接着是"再一细看"，终于看清了"那是阿随。它回来了。"于是"我的心就一停，接着便直跳起来"。这样句子的节奏就变快了。因为"阿随"给"我"增添了生活的活力，它打破了一潭死水似的沉寂生活。总之，前后两种句子的节奏由慢变快，都是由语境所决定的。

例3：今天，这里有没有特务？你站起来！是好汉的站出来！你出来讲！凭什么杀死李先生？杀死了人又不敢承认，还要诬蔑人，说什么"桃色事件"，说什么共产党杀共产党，无耻啊？这是某集团的无耻，恰是李先生的光荣！（闻一多：《最后一次的讲演》）

这是一段讲演词，这段话都是用的短句，这也是由对听众讲演这个语境决定的。因为讲者义愤填膺，面对激愤的听众和反动派，于是大声疾呼，义正词严，痛斥敌人，所以句式要简短有力，便于抒发慷慨激昂的情感，富有感染力。从风

格来看，例（1）、（2）具有书面语体的风格，例（3）则具有口语语体的风格。这种风格的不同，也是由语境所决定的，前者是散文小说的叙述语言，必用书面语体，后者是讲演词，面对广大听众，必须用口语语体才得体。

三、语境的构成

从20世纪20年代英国人类学家马林诺夫斯基最先提出文化语境和情景语境两大类以来，有关语境构成因素的讨论就一直没有间断过。国外有代表性的如伦敦学派语言学家弗斯认为，语境不仅指"语言的上下文"，还指"情境的上下文"。英国语言学家韩礼德将"语域"的概念等同于"语境"这个术语，他的语域由"话语的范围""话语的方式"和"话语的风格"三者构成。美国语言学家海姆斯提到的语境因素有："话语的形式和内容、背景、参与者、目的、音调、交际工具、风格和相互作用的规范等。"

国内关于语境的构成因素的研究最早始于陈望道。在1932年出版的《修辞学发凡》中，他提出"情境"的概念，大体相当于我们所说的语境。他认为情境包括了"六何"：何故、何事、何人、何地、何时、何如，它们都对修辞活动有影响。

20世纪60年代以后，国内语言学界对语境的研究逐渐重视，对语境的构成因素也有了不少新的讨论。王德春认为，语境由客观因素和主观因素两大部分组成。客观因素分为时间、地点、场合、对象等，主观因素分为使用语言的人的身份、思想、性格、职业、修养、处境、心情等。

廖秋忠认为，语境包括上下文、交际双方的目的、交际双方对彼此的认识与假设、说话的现场知识、世界的知识、彼此的信仰，文化背景与社会行为模式的知识等。

王希杰认为，语言环境是交际活动中的四个世界的统一，即由语言的世界、物理的世界、文化的世界和心理的世界所构成。

一些不同的说法。总括以上不同的观点，可以发现人们所说的语境的构成因素是相当庞杂的。大到社会、时代、文化，小到具体的话语形式和内容、上下文，几乎无所不包。难怪有人说，语言学家们提出语境因素问题也就是给自己提出了一个永无止境的不可能详尽完成的任务，更有人断言："语言是一种社会现象，社会上的一切都可能成为语境。语言是一种物质现象，自然界的万事万物都可能成为语境。语言是人类本身所特有的交际和思维的工具，那么人类本身的一切皆有可能成为语言的环境。"

面对这几乎一切社会的、自然的种种"语境因素"，我们需要讨论以下几点：语境构成因素的判别标准是什么？的确，从理论上说，世界上的万事万物都有可能成为语境的构成因素，从而成为语境研究的对象。那么，是否意味着我们将面对永远无法穷尽的因素而束手无策呢？事实上并不如此。要判别什么是语境的构成因素，首先需要同语境的性质结合起来。我们认为，语境是与具体的语用行为密切联系的、同语用过程相始终的、对语用活动有重要影响的条件和背景；它是相对独立的客观存在，是语用学研究的三大要素之一，并同另外的两大要素—语用主体和话语实体位于同一个结构平面上。

语境与"语用主体和话语实体处于同一个结构平面上"这一性质是非常重要的，这样就将语境在语用学研究中的独立地位及其他要素的关系基本确定了。由此我们来检视一下上面各家提到的诸多因素，可以发现有些其实不应该简单地作为语境的构成因素来看待。如"话语的形式、内容""音调""交际工具"等，是属于话语实体范畴的；"使用语言的人"以及"身份、思想、性格、职业、修养"等。

关于语境的构成与分类，是属于语用主体范畴的。它们都可以在语用学的另外两大要素中进行专门研究，不宜简单地当作语境来看待，至少应该具体情况具体分析。其次，判断语境的构成因素要同其功能和具体的语用行为结合起来。一切有可能成为语境的种种因素，如果失去了和具体语用的联系，没有对语用产生影响，也就没有充当语境的资格。所谓一切社会现象、一切自然现象和人类本身的一切都可能成为语境的说法，是不太准确的。因为这些"一切"在没有同具体的语言交际结合并产生影响之前，都只是"可能的"语境，并非现实的语境。例如：马克思与燕妮心心相印，情投意合，融融的爱恋在两个人心中皆是"心有灵犀"，双方都没有"一点通"。有一天，马克思拿出一个漂亮精致的匣子，郑重地对燕妮说："我已经深深地爱上了一位美丽的姑娘，我决定和她结婚。"这突如其来的一击使燕妮惊呆了，她急切地问："她是谁？"马克思说："她的相就在这匣子里，你一看就知道。"燕妮用颤抖的双手接过匣子，打开来了，她这才恍然大悟，再也顾不得羞怯，一头扎进了马克思的怀里。原来匣子里是一面镜子，打开匣子，燕妮的玉照就出现在里面了。

这个例子的匣子，是语用中的现实物品。一般情况下，很难说它就是语境因素，充其量也只是可能的语境因素。但在这次交际中它对语用活动的作用是直接的、明显的，因而应该属于语境的构成因素。更进一步，判断语境的构成因素还有一个重要参数，就是它们是否可以把握，可以分析。现实语用是千变万化的，所涉及的语境因素也是千差万别的。不管如何复杂，语用学研究中的语境构成因素必须能够进行归纳、分析，使之成为可供研究的对象，并进而规则化、科学化。过去有些研究对这一点重视不够，所讨论的语境构成因素庞杂无序，还有不少"只可意会不能言传"的东西，这对语境构成的理论研究是不利的。语境的构成因素具有结构性作为语用学研究的三大要素之一,语境本身也是一个系统,其诸多构成因素同样具有相应的结构性。这种结构性表现在两个方面:一是其内部诸多因素之间不是杂乱无章的堆砌,而是类似于原子构造般的—有稳定的核心因素,也有较自由的外围因素。二是其外部同语用学研究的另外两大要素—话语实体和语用主体互相交叉渗透,互相交换能量,从而不断产生新的语境因素。语境的这种结构性具有重要的理论价值。

第一,语境构成的内部结构性。这有两个含义,一是语境内部的构成是有层次的。每一个语境(除最小的语境外)包含一个或多个更小的语境;每一个语境(除最大的语境外)包含在一个或多个更大的语境当中。即其内部具有层层内包的结构方式。语境构成的内部结构性的另一种含义是:不同的语境因素在具体的语用活动中的作用并不是完全等值的。它们的出现频率有量的不同,活动的形态有稳定和动态的差异。由此也就形成了核心语境构成因素和外围语境构成因素的区别。所谓核心构成因素是指在现实交际中与语用过程同现的、并与之伴随始终的种种因素,它们相当稳定,与语言交际须臾不可分离。常见的有:时间、地点、场合、境况、话题、事件、目的、对象等不可少的现场语境因素;另外还有社会心理、时代环境、民族习俗、思维方式和文化传统等。因为任何语言交际都在它们的影响之下进行,语用的成功与否,同它们密不可分。语境的外围构成因素主要指在语言交际中出现的一些带有临时性质的因素,如交际者的身势、体态、关系、情绪,语用的语体、风格等。同核心因素相比较,这些因素或不是伴随始终的,而是可选择的;或不是必有的,而是可缺的;或出现频率不很高,或性质和功能不太稳定,更多地带有临时的、自由的色彩。比如,在人才招聘会上,求职者如得知考官与自己是同乡,那么他很可能会改换自己的语码形式,用家乡话与之交流。这种语码转换是话语的形式问题。虽则属于话语实体范畴,但它对交际肯定要产生不同的影响,因而也可以看作是主体有意构成的语境。只不过这语境具有明显的临时色彩。至于其他类似的临时性语境因素,如上例中的自然物品—匣子,也可以同样归纳为语境的外围因素,因为它们大都具有比较相似的特征。

第二,语境构成的外部结构性。语境是语用学中与话语实体、语用主体并列的三大要素之一,是相对独立的客观存在。但这是否意味着语境与另外两大要素之间就泾渭分明,没有任何交叉和渗透呢?这是语境研究中需要深化的理论问题之一。一般地说,语境与语用主体和话语实体之间的疆域是清楚的。但语境也像任何一个系统那样,内部诸因素有序地排列和运行,外部则与相关系统不断地互相影响和渗透,不断地交换能量,其结果便形成了特定的语境。最为明显的是语境同话语实体的交叉而产生的"上下文语境"。例如:记得转战陕北。有天夜里住进田次湾,十几个人与毛泽东挤入一座窑里睡。房东大嫂不安地一再说:"这窑洞太小了,地方太小了,对不住首长了。"毛泽东依着大嫂说话的节律喃喃着:"我们的队伍太多了,人马太多了,对不住大嫂了。"说得大嫂和同志们都哈哈大笑起来。(权延赤《走下神坛的毛泽东》)毛泽东说的话顺着大嫂的上文而来,反映在形式上是句式、节律的相似,在内容上是两相对照。之所以引得大家哈哈大笑,上下文的语境起了很大的作用。同样,语境也可同语用主体交叉而产生某些特定的语境。在语用学研究中,语用主体的种种特征通常是在语用主体的研究范畴中的,如"身份、思想、职业、修养、性格"等应属于主体的语言能力和语用能力方面,"心情"可归为主体的主观态度方面,都不必划到语境中来。

假如在某一具体的语言交际中,某个主体由于心情的原因,影响了话语的组织或背景知识的调用,从而也影响了语言交际的进行,那么,这时的"心情"因素也可看作语境因素,它是主体生成的新的语境—情绪。例如:一次设计工程招标会上,几家设计单位的方案竞争十分激烈。开始大家还温文尔雅,心平气和,但因涉及各自的切身利益,言辞之间逐渐带上"火药味"。后来,一位未能中标的工程师大声说道:"设计这种事吃力不讨好,我再也不干了!谁干谁是王八蛋!"话音刚落,好几个人几乎同时站起来质问他:"谁是王八蛋?你说清楚,谁是王八蛋?"这里该工程师说的话明显受心情的影响,未顾及场合,伤害了他人,带来了不好的交际效果。无疑,这种心情可以看作是语境因素,它带有不稳定的临时性。

"认知语境"是语境同语用主体的交叉而形成的一种更值得注意的语境。语用主体的关于世界的百科性知识是构成认知语境的主要因素。在具体的语言交际中,人们需要遵循什么样的社会文化制约,在特定的场景中面对特定的对象应该用什么样的话语,如何恰当地利用上下文语境因素,等等,都属于百科知识的范畴。很显然,语用主体的知识丰富与否、能否准确调用等直接影响到语用是否成功。

与上下文语境相比,认知语境体现出较大的开放性和自由度,也就是说它们可能是交际双方的"共享知识",也可能是表达一方或理解一方各自构建的认知语境,二者之间可能一致也可能不一致,由此反映出认知语境的动态性和差异性。需要指出的是,不论这种认知背景是关于语境的构成与分类致,它们都会对具体的语用产生影响,例如:当年李鸿章出访美国,一次他宴请当地官员,席上循例说了几句客套:"今天蒙各位光临,非常荣幸。我们略备粗馔,没有什么可口的东西,聊表寸心,不成敬意,请大家包涵……"云云。第二天报纸照译为英文登出来,饭馆老板看了大为恼火,认为李鸿章是对他的饭馆的污蔑。除非他能具体提出菜肴怎么粗,怎么不可口,否则就是损害他店家的名誉。他提出控告,要求李鸿章赔礼道歉。这里虽然有文化差异的问题,但主要原因还是双方所具有的背景知识不一致,有不同认知语境。同其他的语境因素影响语言交际一样,这种认知语境对交际的影响也是明显的、可以把握和分析的。而且在现实中,这种认知语境往往对语用有更大的影响。这也就是我们为什么把它称为"认知语境",纳入语境研究的范畴而不放到语用主体范畴之中去研究的原因。

综上所述,我们对语境的构成做以下结论:第一,构成语境的因素必须同语用的行为、活动、过程有密切的关系,并对语用本身产生重要的影响。因而,上下文、前言后语、时间、地点、场合、境况、自然物、话题、事件、目的、情绪、对象、关系、体态、语体、风格、社会心理、时代环境、思维方式、民族习俗、文化传统、认知背景等通常是语境的构成因素,因为在具体的交际中它们总是同语用行为有这样那样的联系、或显或隐的影响和可大可小的作用。第二,具体语用过程中的语境因素应该是可以把握、可以分析的。对于语用学研究而言,语境的构成因素不应该停留在只可意会不可言传境界,要能从纷繁复杂的现象中抽象出可以作为科学研究的规律性的东西。第三,要重视语境构成因素的结构性,其内部结构的有序性和外部结构的渗透性是有机的统一。语境的内部构成是一个系统:核心部分相当稳定,外围部分不断地与相关系统交换,或产生新的语境因素,或置换旧的因素。上下文语境因素现已成为学界的共识,其实它是与话语实体交叉而得出、生成的;认知语境因素正为越来越多的人所认识,它同样是与语用主体交叉而生成的。由此,我们找到了这两种重要语境因素的存在理据。第四,研究语境的构成必须有辩证的思维。在现实的交际中,语境的构成因素处于动态的生成、变化之中。语用主体的一些特征、话语实体的一些变量乃至于一些临时性的不定因素都有可能转化成相应的语境因素,这主要看它们是否影响了语用的行为、过程和效果。这样来认识语境的构成,有助于把握语境的核心因素,同时又呈现出开放性的特点,给语境的分析和研究提供了轮廓和范围。

四、语境的分类

语境的分类是把上一节讨论的构成因素按一定的原则有序地加以归类,并形成一个条理清晰、层次分明、具有理论上的科学性和操作上的简便性的系统。毫无疑问,这个问题既同上面讨论的构成因素密切相关,又比它还要重要,而且更加复杂。学术界对语境的分类做过比较多的探讨。在以往的研究中,我们曾做过归纳。有角度不同的分类:着眼于构成,分为客观因素、主观因素和临时主观因素;着眼于功能,分为外显性和内隐性两类,或内部语境和外部语境两类,还有分出自足与不自足的及多余语境几类的;着眼于稳定,分为稳态语境和动态语境,等等。也有不少进行层次的分类,分出三个、四个不等的层次,再做更细致的分类。除此之外,语言语境,非语言语境,狭义语境、广义语境、大语境、小语境、直接语境、间接语境、上下文语境、情境语境、真实语境、虚拟语境、明语境、晦语境、语言的知识、非语言的知识等术语,也都是在语境分类中出现过或使用过的。由此可见，语境分类问题的现状是很不统一的。

（一）上下文语境主要有语义和语法两种

语义。从词义上来说，汉语的单义词语很少，大多是多义词。比如说"头"。本义是脑袋。引申为头发。有人说"我去剪头"，没人担心他是要剪脑袋。说人"这头剪得不错"，就是这个意思。在"头子"中指坏人头目。在"头一名"中指第一名。这头那头，是说这边、那边。山头是指事物的顶端部分。一头牛，是量词。木头、石头是词缀。线头、粉笔头指事物的残余部分。知道这一点，我们看"打篮球""打毛衣""打酱油""打电话""打埋伏"中的"打"，就要根据它们的上下文确定含义。再说语法。

汉语是分成语法和语义两个层面的。举个例子：分秧插秧，从语法层面来说，这个短语是并列，从语义层面来说，这短语是顺承，或者说有先后顺序。为了帮学生区分介词和连词，我上课时常举"我和你"的例子，如：我和你心连心。/我和你说。

因后面语境的原因，前一句中的"和"的连词，后一句中的"和"是介词。如果没有具体语境，"进口彩电"既可能是动宾短语，也可能是偏正短语。

（二）情景语境

情景语境，可分为"场"和"人"，"场"包括时间、地点、场合等，"人"包括性别、身份、职业、教养、关系等。

国人致辞喜欢说"金秋十月，丹桂飘香"等，这是对说话时间的关注。鲁迅文章里的那个在人家生了孩子别人都在庆贺说吉祥话时，说"这孩子一定会死"，虽是实话，也只能被人打出去。这是场合不对。见不同的人要说不同的话，这不仅不是虚伪，而且是美德，是交际的需要。对男人和女人说话一样可能属于修养欠缺，对一个99岁的老人说"祝您长命百岁"不能算是美好祝愿。

（三）文化语境

文化语境，有文化习俗，也有社会规范。听说因为与"赊"谐音，南方人把"舌"叫"招财"。船上有姓陈的，人家就直接叫他的名，而不称姓，老是在船上大喊"老陈（沉）"是要遭人厌恶的。古人把老虎叫"大虫"以降低恐惧感，中国人造了那么多与"死"有关的，以示避讳，这都是文化心理。还有社会规范方面的，法律公告不能用网络语言写，两国联合公报里不能乱开玩笑，这是社会规范层面的。

五、语境的分类原则

语境的分类与其他事物的分类相似，首先要确定分类的原则和标准。我们认为分类应遵循以下几点原则：

（一）周遍性原则

语境的分类首先要有周遍性。这指的是分类要着眼于完整的系统，将相对独立的语境系统中的各种语境构成因素都涵盖在内，几无遗漏。也就是说，上述各种语境的构成因素在理论上都应在这个分类中找到位置。当然，由于语境的动态性质，这种周遍性不是封闭的、僵化的，而应该是开放的、灵活的。如上所举的一些临时的、生成性的语境因素，也应在这个分类系统中得到体现。

（二）层次性原则

语境系统内部的各构成因素是按一定的层次有序地排列并呈现着功能的。一般地说，由上下文语境，到时空语境，再到社会文化语境、认知背景语境等，语境的范围渐渐扩大，层次逐渐提高。语境的分类要能体现这种层次性。诚然，这种层次性也不宜用固定的眼光来看待，因为语境的层次是相对的，而且是交叉的、变动着的。

（三）简明性原则

分类还要尽量做到简明扼要。既要周全，又要简明，这是一对矛盾，然而，"科学性往往寓含于简洁性之中"。分类的烦琐并不同科学性有必然联系，对具体的操作还会带来许多困难。这是应当避免的。

根据这几条原则，我们将语境分类如下：首先，立足于语境同语言的关系，可以分出"言内语境""言伴语境"和"言外语境"三种，这是第一层面的划分。言内语境又分为"句际语境"和"语篇语境"两种；言伴语境又分为"现场语境"和"伴随语境"两种；言外语境又分为"社会文化语境"和"认知背景语境"两种。这是第二层面的划分。还可以进行更下位的划分。如句际语境又可分为"前句、后句"或"上文、下文"等因素；语篇语境又可分为"段落、语篇"等因素；现场语境又可分为"时间、地点、场合、境况、话题、事件、目的、对象"等因素；伴随语境又可分为"情绪、体态、关系、媒介、语体、风格以及各种临时语境"等因素；社会文化语境又可分为"社会心理、时代环境、思维方式、民族习俗、文化传统"等因素；认知背景语境又可分为"整个现实世界的百科知识、非现实的虚拟世界的知识"等因素。这是第三层面的划分。

我们把在语言交际中可能产生影响的语境因素编织成一个涵盖面广、结构有序、条理清晰、层次分明的系统网络。而且，从理论上说，这个系统还是呈开放性的。如前述语用主体的心情，可能作为临时性的语境因素起作用，在这个系统中，可纳入伴随语境中的"情绪"因素加以分析；话语的某种变量，如语码转换，是同交际目的相关的，并以语体、风格的形态表现出来，在这个系统中，也属于伴随语境的范畴。其他临时性的语境因素，也都应该能在这个分类系统中找到相应的归宿。例如网上聊天这种方式日益成为青少年交流的手段。这种新的媒介影响着语言交际。因为网络的蔽障可以让人们想到啥就说啥，喜欢怎么说就怎么说，既可不讲作文的间架结构，也可不管语言的规范标准……这种与传统语用不同的媒介体，可以视为新的语境因素，同样可以纳入上述分类系统之中。它属于伴随语境中的因素。我们的这个语境分类系统，不仅考虑了语境因素的周遍性，层次性也是非常强的。从最底层的"句际语境"到最上层的"认知背景语境"两极之间，是语境研究的广阔的空间地带。它们反映了语境的整体性疆域，也顺应了国际语言学界对语境研究的新趋势："语境既是客观的场景，又是交际主体相互主观构建的背景。"从范畴上看，"言内语境"是语境与话语实体交叉的产物，在它之下，应该是话语实体本身；"认知背景语境"是语境与语用主体交叉的产物，在它之上，应该是语用主体本身，它们是语用学研究中三大要素的另外两大要素，都逸出了语境研究的范畴。而在语境研究的广阔空间里，不同类型的语境呈现出鲜明的层次性。从言内语境经过言伴语境到言外语境，语境活动的形态由稳定性逐渐向动态性过渡，语境影响的方式慢慢由外显性向内隐性转移，语境呈现的性质由共同性渐次向差异性发展，语境显示的功能也由制约性向生成性递增。

言内语境中不论是句际语境还是语篇语境，都具有相当的稳定性和共同性，它们对语言交际的影响呈现出较为明显的制约，而这种制约人们通常都共同遵守，因为它们的规则性较强。同时，它们对语用的影响和制约又是很容易把握的，因为它们显露在外。言外语境的各种因素，则与言内语境的因素明显不同：它们的活动形态呈现出明显的动态性特征，对语用的影响方式也不外露，属于内隐式的，有时让人很难把握。由于这两方面的特征，差异性在它们上面表现得很突出。尤其是认知背景语境，实际上还可以分为"说写者持有的认知背景、听读者持有的认知背景、双方共同持有的认知背景"等几种状态。双方有共同的认知背景可以使交际成功，但很多时候经常出现差异的情况，这便是不同主体间的语境构建和生成的结果。在言内语境和言外语境这两极之间，言伴语境作为过渡地带。既表现出稳定性、外显性、共同性和制约性，又反映了动态性、内隐性、差异性和生成性的特征。相对而言，它内部的现场语境具有更多的稳定性、外显性、共同性和制约性，而伴随语境则带上较多的动态性、内隐性、差异性，以及生成性。

伴随语境虽属于过渡性的层面，却很重要。如上所述，在具体的语言交际中，主体的一些特征、话语的某些变量和一些不定因素，都有可能成为临时性的语境因素，而对它们的归类，基本上都可以放在"伴随语境"之中。当然，要正确认识言伴语境的过渡性，这种过渡，反映在语境因素的性质、形态和方式等方面的特征，并非截然分开、泾渭分明的，而是渐变的，有时还存在交叉。若再将视野扩大一些，实际上从言内语境到言外语境这一广阔的地带都应该是如此逐渐演变的。我们对语境的这种分类，还体现了其系统内的结构有序性，具有简洁明了的特点。在这个分类系统中，第一层面为三种语境，第二层面为六种语境，第三层面则尽量涵盖所有的语境构成因素（至少在理论上如此）。它是简明的，同时也是比较科学和有序的。一方面它较为周延，形成独立性较强的系统；另一方面，它又呈开放性，为继续深入研究预留了空间；而且，还有利于在具体的分析研究中进行操作运用。

第二节　语境与翻译

翻译是利用语言文字对两种语言进行转换的活动。但在转换的过程中，由于受到文化、历史、国情、风俗、信仰等各个方面的影响，使翻译不是一种仅局限于字面上进行的工作，而是要结合各方面对其进行研究。通过研究发现，语境对翻译具有非常重要的影响。

纽马克（Newmark）指出："语境在所有翻译中都是最重要的因素，其重要性大于任何法规、任何理论、任何基本词义。"翻译中的理解和表达都是在具体的语境中进行的。语义的确定、遣词造句、篇章结构以及语体形式均离不开语境。翻译应以语境为依据，只有通过语境分析才能判断并采用与原语言相近或相当的表达方式。立足于语境与语言的关系，我们把语境划分为目内语境和目外语境。

一、翻译的分类论述

一般来讲，翻译包括口译（interpretation）和笔译（translation）。关于翻译的分类，讨论的论述很多，但其始终处于一种既很重要，但又似乎没有必要的矛盾中。在我国自汉代佛经翻译开始就有了"直译""意译"之争，一直延续至今。所谓直译（literal translation）就是根据原文词语的本义及顺序进行翻译而不做任何改变，译文形式与内容都与原文一致。意译（fre mantic translation）就是根据本族语表达习惯，译文在形式上以原文为标准，不必囿于原文的用词、结构、比喻或形象，而在表达形式上随译者的理解用恰当的译文读者相对容易理解的本族语言而表达出来。

依照方梦之主编的《译学辞典》一书，D.Gouadec 在其著述 Le traducteur, la traduction et l'entreprise 和 Traduction Signal etique 中将翻译分为七类：绝对翻译（absolute translation），即要求译文无论在内容还是形式上都和原作一致，原文的语言结构和术语都必须在译文中毫无变动地加以保留，以求译文的信息量和交际值与原文一致，通常我们可以理解为直译；摘译（abstract translation），也称译要，即以翻译为手段从原文中抽取出主题内容（topic），以简练的译入语写成对原文内容准确、扼要而不加解释和评论的摘要；图译（diagrammatic translation），即翻译者为特定的翻译需要而将原文内容转换成图示，而不是语篇；再结构翻译（translation with reconstructions），即翻译中为了使全部原文信息直接为译文读者所接受，而以尽可能明白易懂的语言保留原文的全部内容而不考虑译文的形式，通常可以理解为意译；选译（selective translation），也称为节译，即根据读者或客户的需求或感兴趣的信息选取原文全文的大部分或一部分进行客观性、简明翻译；夸张式翻译（hyperbolic translation），即翻译中翻译者根据自己对原文的看法对原文进行了改进的翻译，强调意译（sense-for-sense translation）而不是译词；关键词翻译（keyword translation），即为了满足职业翻译的需要，翻译者先译出关键词，再判断是否要对全文翻译以及如何翻译。

除此之外，P.Newmark（纽马克）在其论著 A Textbook of Translation 中根据翻译者侧重译出语还是译入语，将翻译分为以下几类。侧重译出语有：逐字对译（word-for-word translation），字面翻译（literal translation），忠实翻译（faithful translation），语意翻译（semantic translation）；侧重译入语有：传意翻译（communicative translation），符合语言习惯的翻译（idiomatic translation），自由翻译（free translation），改译（adaptation）；在中国，周兆祥根据"翻译的自由度"，在《翻译初阶》一书中把翻译类似地分为：逐字对译，字面翻译，语意翻译，传意翻译，编译（free translation），改写（adaptation）。

歌德将翻译分为三种：

第一，可以使译语国了解原语国的文化的翻译（使用简明易懂的散文，使原著内容经潜移默化渗透到译文的民族特性之中）；

第二，取而代之（类同于"归化"：吸收外国作品的内容，以便用本族语并利用本国的文化背景构成一件新的东西代替原作）；

第三，力求使译文等同于原文的翻译。

但是，翻译的分类是由分类的范畴决定的，这种范畴可能是翻译的功能，翻译的工具，翻译的形式，以及翻译的目的、翻译的服务内容等等。不同的翻译环境，不同的翻译读者或客户，不同的翻译方法，需要对翻译的分类加以使用和选择。

二、翻译的常见分类

（一）按方式分

翻译按方式来分，有汉语译成外语（简称"汉译外"）和外语译成汉语（简称"外译汉")两种。

(二) 按翻译客体性质或文体分

翻译按翻译客体性质或文体分，可分为：文学翻译和非文学翻译。文学翻译强调文学作品文本的艺术审美与文学欣赏，风格、价值观和思想，再现的是原文作者的精神活动和语言艺术美，这些文学作品包括诗歌、小说、戏剧、故事、叙事文学、散文等；非文学翻译涉及的内容和学科知识十分广泛，强调的是现实世界中的知识、事实、事件和信息，再显的是实用性事实、信息的交际性和功能功利。

(三) 按翻译工具形式分

翻译依照翻译工具形式来分，可分为：口译（oral interpretation）、听译（listening translation）、手语翻译（sign language interpretation）、视译（sight interpretation）和笔译（written translation）；口译是一种促成分属不同语言的人们有声言语交际活动，口译与笔译相对，按传送方式分为同声传译（simultaneous interpreting）、交替传译（consecutive interpreting）、耳语传译（whispered interpreting）；按场合和内容可分为外交口译（diplomatic interpretation）、技术口译（sci—tech interpretation）、学术口译（academic interpretation）、工程谈判口译（interpretation in project negotiation）、会议口译（conference interpreting）、陪同口译（escort interpreting）、法庭口译（court interpreting）、媒体口译（media interpreting）、商务口译（business interpreting）、社区口译（community interpreting）；就工作性质而言，口译可以划分为外事翻译、军事翻译、商贸翻译、医学翻译、联络翻译、会议翻译、法庭翻译、技术翻译、展览翻译、导游翻译、生活翻译等；听译主要针对在听力理解的基础上，利用短时记忆和简要的笔录进行即时翻译；手语翻译可分为手译、口译和手语手译三种类型。手译是把健听人的口语翻译成聋人手语传达给听力障碍的人。手译一般用在谈话、开会、讲课、新闻联播等场合。口译是把聋人的手语翻译成健听人的口语和书面语。口译一般用在聋人做报告、聋人企业家的业务洽谈、座谈会等场合。手语手译在使用两种不同手语的聋人之间把一种翻译成另一种，如将中国手语翻译成美国手语等；视译是指同传译员拿着讲话人的发言稿，边听发言、边看原稿、边进行同声传译。需要注意的是口译、听译、手语翻译和视译均不属于本书探讨的范围。

(四) 按翻译主体分

翻译依照翻译主体来分，可分为：人工翻译（human translation）、机器翻译（machine translation）、机器辅助翻译（computer aided translation）、人机交互翻译（interactive translation），以及网络辅助翻译（Internet aided translation）等；人工翻

译主要是指译者借助工具书,利用一定的翻译知识和技巧完成翻译的整个过程;机器翻译,又称自动翻译,就是利用机械(主要是计算机)按一定程序自动进行自然语言(natural language)之间的翻译过程,它主要是建立在语言学、计算机科学技术、自动化技术和数学等多门学科基础上,可以分为:语料库辅助翻译(corpus-aided machine translation)、读者型机器翻译(reader-oriented machine translation)、作者型机器翻译(writer-oriented machine translation);机器辅助翻译,或称计算机辅助翻译,是指"译者运用计算机程序部分参与翻译过程度一种翻译策略",它利用计算机软件和翻译记忆技术(translation memory)来实现翻译过程,计算机辅助翻译根据辅助工具还可以分为电子词典翻译和软件辅助翻译等;网络辅助翻译,也称在线翻译(online translation),主要是指利用互联网资源、在线词典和编程、协议完成翻译的一个实时查询、浏览、翻译系统。

(五)按符号代码分

翻译按符号代码分,可分为语内翻译(intralingual translation),语际翻译(interlingual translation)和符际翻译(intersemiotic translation);1959年雅各布森(R.Jakobson)从符号学的观点出发,把翻译分为语内翻译、语际翻译和符际翻译。语内翻译是在同一种语言内部,也就是把一种语言符号译成同一语言中的其他符号,如汉语中的简体、繁体互换;语际翻译是不同语言之间的翻译,如把本族语译为外族语或把外族语译为本族语,如英语、汉语互译;符际翻译是把一种语言翻译成另一种非语言的符号系统,即不同语言系统之间的翻译,如把公式翻译成文字解释等。

(六)按照信息处理方式分

翻译按照信息处理方式可以分为完美翻译(perfect translation)、等值翻译(adequate translation)、综合翻译(composite translation)和科技翻译(translation of learned, scientific, technical and practical matter)。完美翻译纯粹传递信息的翻译,如广告、布告等;等值翻译因为其服务对象是一般读者(general reader),他们只对故事情节而非原作语言感兴趣,所以不拘形式,只管内容的翻译。译文只要在内容上与原文保持一致,文字上的出入无关紧要。译者可放手增补、删节甚至更改;综合翻译其服务对象是严肃读者,他们的求知欲远胜于仅仅了解一些故事情节。翻译的形式是从散文体到散文体,从诗体至散文体,从诗体到诗体的文学翻译,主要包括古典作品的高质量的译本。难度最大,形式与内容同等重要,甚至比内容更重要;科技翻译内容的重要性远远超过语言表达形式的重要性,翻译文献本身对于生产或科研来说有借鉴价值,译者对于该文献包含的知识具有一定的了解。

（七）按译文功能分

根据译文功能来分，翻译可以分为工具翻译（instrumental translation）和纪实翻译（documentary translation）。这是德国目的学派翻译理论的代表人物诺德（Nord）提出的。工具翻译的目的是在译语文化中实现新的交际功能，认为翻译本身就是一种交际功能，而不仅仅是对源语言作者与读者间的交际行为所做到文献记录（documentary record），工具翻译分为：①功能等同的翻译（equifunctional translation），用于技术文本和实用文本的翻译；②功能相异的翻译（heterofuncitonal translation），即原作在文化或时间上与译语读者有较大距离，在新的语境中保留原作功能没有太多意义，译者对原作的功能加以调整；③功能对应的翻译（homologous translation），即译作与原作功能基本对应的文学作品。纪实翻译对作者和源语言文本的读者间的交际"进行记录"（serves as a document of a communication between the author and the ST recipient），翻译时无须根据目的语境做出调整，纪实翻译包括：①逐词翻译或对照译法（word-for-word or interlinear translation），重视再现源语言词汇和句法特征，主要用于比较语言学和语言百科全书中，目的是体现不同语言的结构差异；②直译或语法翻译（literal or grammar translation），强调按照译语规范，再现源语言的词汇、句法结构和词的惯用法，常用于翻译政治人物的讲话、学术文献等；③哲学翻译法或学术翻译（philological or learned translation），即直译加注法，常用于翻译古代文献、经典或文化差异较大的文本；④异化翻译（foreignizing or exotic translation），故事的源语言文化背景没有改变，给译语读者造成一种陌生感或文化距离感，原文的功能有所改变，主要用在文学翻译方面。

（八）按译品形式分

翻译按译品形式来分，可分为：全译（full translation）、变译和校译，其中的变译可以指节译（选译）、译要（摘译，partial translation）、编译（translation plus editing）、综译、转译、译述、改译、阐释、译写、改写等。

（九）按对待翻译的态度分

翻译依照对待翻译的态度来分，可以分为抢译（scrambled translation）、伪译（pseudo—translation）、死译（mechanical/awkward translation）、硬译（servile translation）、逐字译（word—for—word translation）、定译（definitive translation）、乱译（uncontrolled translation）、胡译（unrestricted translation）、滥译（indiscriminate translation）。

随着实用文本翻译和翻译产业的兴起，翻译除了这些，还有另外一些不常见到分类：

第一，翻译按翻译的符号分为常用语种翻译（如英语）、非常用语种翻译和非文字翻译。

第二，从翻译的题材来分类，翻译可分为专业文献翻译（translation of English for science and technology，EST）、文学翻译（literary translation）和一般性翻译（practical writing translation）。

第三，翻译按翻译目的来看，可分为：练习性翻译，娱乐性翻译，学术性翻译，本地化翻译，技术翻译，商务翻译和服务性翻译；第四，翻译按服务内容来分，全国翻译工作者协会分支机构就包括科学技术、文学艺术、军事科学、民族语文、社会科学、对外传播、外事翻译、翻译理论与翻译教学、翻译服务等九个不同的部门，按具体划分有：科技类，旅游类，文学类，法律类，文教体卫类，传媒类，经济类，金融保险类，实用类等。这些服务中可能会涉及具体的翻译，如：录取通知书，学位证书，毕业证，成绩单，身份证，驾驶执照，护照营业执照，单身证明，公证书，结婚证，离婚证，邀请函，居住证预防接种证，商业信函，传真电传，企划计划，科研报告，财务分析，审计报告销售手册，公司章程，合同协议，备忘录，公司简介，产品目录，新闻发布，行业标准，技术标准，产品说明，目录手册，安装手册，使用说明，标书文件，法律法规，管理规定，公告通知，行业管理规定，公司管理规定，著作剧本影视对白，信息产业，应用软件，游戏软件，学习软件，网站网页，原版带翻译，等等。

第四，按翻译行业来分，翻译可分为：计算机软件，计算机硬件，计算机服务，工业自动化，半导体，进出口，互联网，网络设备，增值服务，电子技术，集成电路，仪器仪表，电子商务，证券银行，投资保险，生物工程，医疗设备，市场推广，文字媒体，网络，游戏，会计，审计，金融，贸易，通信，电信，批发，零售，服装，纺织，皮革，家具，家电，玩具，机械，设备，重工，制药，医疗，护理，保健，卫生，器械，广告，公关会展，影视，媒体，艺术，出版，印刷，包装，家居，装潢，室内设计，检测，认证，法律，教育，培训学术，科研，餐饮业，酒店，旅游，娱乐，休闲，体育，美容，保健，生活服务，交通，运输，物流，航天，航空，石油，化工，矿产，采掘业，冶炼，电力，水利，物业管理，商业中心，中介服务，专业服务快递消费品工艺品，办公用品及设备，汽车及零配件，房地产开发，建筑与工程，原材料和加工，政府，非营利机构，环保，农业，渔业，林业，多元化业务集团公司，以及其他行业（如本地化服务，新闻报刊类）的翻译工作。

第五，依照翻译的标准和手段来分，翻译可以分为功能翻译、科学翻译、专业翻译、功利性翻译和语用翻译。其中语用翻译有时又称实用翻译（applied/practical translation），实用翻译中比较突出的有：广告翻译（advertising translation，又包括商业广告和非商业广告)、法律翻译(legal translation)、经贸翻译(business translation)、科技翻译(sci—tech translation)、政论翻译(translation of expositions),又包括政论文、社科论著、评论和政治性演说等)、宗教经典翻译(translation of religion and sutra)、新闻翻译(journalistic translation)、旅游翻译(tourism translation)、网站翻译(website translation)、企业翻译(enterprise translation)。

第六,从翻译的功能来分,翻译可以分为:①要求译文和原文一致,无论在内容或形式上都要达到等值或接近等值;②信息内容保真,译文修辞质量允许稍逊一筹,翻译速度越快越好;③一对一交谈(如电话、网络聊天室)或者无须写在纸上的各种谈话(如导游、私人谈话)翻译;④多语翻译中的信息检索、信息提取、数据库访问、文献摘要等方面所用的翻译。

其他翻译类型,如专有名词翻译(包括人名、地名、标题、关键词、书名,歌曲名、商标名等)、信息翻译,即再现非文学著作的全部信息,可以采取改写、综述方式,但不是意译;标准化翻译(standardized translation),它特指翻译中专业术语的固定化、语篇结构程式化、表达专业概念词语统一化,如商业合同、标书等,此类翻译互文性强,表达重复现率高,这为机器翻译的可能性提供了良好的基础。

翻译的理论上的分类在具体的翻译中,特别是实用翻译中并不是很重要,或者说具体的细分对于实际翻译过程影响不大。对于一个翻译人员来说,适当了解翻译的分类可以帮助其在实践中面对不同的翻译环境,具体问题具体分析。有时可能侧重于翻译的方法,有时可能侧重于读者或客户的要求和需要,既可以采用完全字对字的对应直译,也可以采用较为自由的意译或变译。"实事求是"是应对实用翻译的正确态度。至于实用文本翻译中,或作为一名职业的翻译人员,在进行翻译服务时,应该根据服务范围、领域、服务的对象,考虑原文的文体特征和专业术语、行业要求和标准进行踏实的翻译。从这个角度看,了解翻译服务内容的分类,结合自身优势才是进行实用翻译的关键所在,也是后面章节探讨实用文本翻译与机器辅助翻译的基础。

三、翻译的原则

抽象的标准如"善译"和"化境"是不可实现的理想,与其取法不可实现的理想,毋宁提出切实具体的要求作为翻译的基本原则:信守原文的内容意旨;遵从译语的语言习惯;切合原文的语体语域。

翻译是把一种语言文字所表达的意义用另一种语言文字表达出来,也就是"换易言语使相解也"。但是,如何用另一种语言文字把一种语言文字所表达的意义表达出来?"换易言语"之后是否能"相解""相解"的程度如何?这些问题归结起来无疑就是:翻译的标准是什么?翻译的方法应如何?严复为中国近代第一位系统介绍西方学术的启蒙思想家,在介绍西学的同时提出了翻译的标准——"信、达、雅",对中国现代的翻译实践和理论研究影响巨大,"相信只要中国还有翻译,总还会有人念'三字经'"。

早在光绪二十年,马建忠就在其《拟设翻译书院议》中对翻译进行了深入的探讨,提出了"善译"的标准:

夫译之为事难矣,译之将奈何?其平日冥心钩考,必先将所译者与所译者两国之文字深嗜笃好,字句比,以考彼此文字孳生之源,同异之故,所有相当之实义,委曲推究,务审其音声之高下,析其字句之繁简,尽其文体之变态,及其义理粗深奥折之所由然。夫如是,则一书到手,经营反复,确知其意旨之所在,而又摹写其神情,仿佛其语气,然后心悟神解,振笔而书,译成之文,适如其所译而止,而曾无毫发出入于其间,夫而后能使阅者所得之益,与观原文无异,是则为善译也已……。

在这段文字中,马建忠不仅指出了"善译"的条件—自如驾驭"所译者与所以译者两国之文字"的能力,而且指明了"善译"的过程——"一书到手,经营反复,确知其意旨之所在,而又摹写其神情,仿佛其语气"。对原文能够达到"心悟神解"的程度,翻译起来就自然能够"振笔而书","译成之文"就自然能够成为"善译"了——"无毫发出入于其间,夫而后能使阅者所得之益,与观原文无异。"

马建忠的"善译",一言以蔽之,即是"信"——从内容意旨到风格效果无所不信,较诸严复的"信、达、雅"则更具高度抽象的概括力,使"直译""意译"和"信、达、雅"在"无毫发出入于其间……与观原文无异"中得到了统一。如果说"直译"是为了"信"而"意译"是为了"达"的话,那么,既然译者已经"确知其意旨之所在,而又摹写其神情,仿佛其语气",并达到了"心悟神解"的程度,"信"自然就不会成为问题;既然译者已经"考彼此文孳生之源,同异之故,所有相当之实义,委曲推究",又"审其音声之高下,析起其字句之繁简,尽其文体之变态,及其义理精深奥折之所由然",则"达"自然也不会成为问题。同时,以译者能够"摹写其神情,仿佛其语气"为前提,原文"雅","译成之文"则定然不会"俗",反之,原文"俗","译成之文"也定然不会"雅"。

马建忠的"善译"无疑就是翻译的最高境界,无论是奈达的"等效",还是傅雷的"神似",抑或钱钟书的"化境",均未跳出"善译"的圈子。然而,在实际翻译活动中如果采用"善译"—或者"等效""神似""化境"—作为标准去衡量译文,可以断言,没有任何译文能够"达标",因为"彻底和全部的'化'是不可实现的理想"。虽然高标准是为了严要求，但是既然"法乎其上"最终也只是"仅得其中"，那么与其取法"不可实现的理想"毋宁提出切实具体的要求作为翻译的基本原则：①信守原文的内容意旨；②遵从译语的语言习惯；③切合原文的语体语域。

  有人偏重"精心的再创造"，视翻译为艺术；有人偏重"一定的客观规律"，视翻译为科学。但是，不管视为艺术，还是视为科学，翻译的根本任务即在于"传真"，译者不能充当"说谎的媒婆"，否则就会怨偶无数。翻译无非是用新瓶子装旧酒，虽然瓶子——语言文字类型——换了，但是酒——内容风格效果却不能变。

  翻译必须"忠实"，这是共识。但是，"忠实"什么？"忠实"的应该是原文的内容意旨和风格效果，而不是原文的语言表达形态。如果斤斤于原文的语言表达形态，译文无疑就会"异彩纷呈"，因"隔阂"而不"合格"。译文的语言表达如果连"贯通"都做不到，读者还怎么去"融会"？结果又怎么可能"与观原文无异"？语言文字类型不同，语言表达习惯也就大不相同。

  吴岩出其《从所谓"翻译体"说起》中针对操汉语的译者将外语译成汉语的情况一针见血地指出了"翻译体"的实质：一些译者"一条腿走路"，"未能辩证地对待两种语言文字"，译文"是外国化了的中文"，未能"忠实地融会贯通地把原作翻译和表达出来"。叶圣陶称自己"不通一种外国语，常常看些翻译东西"，在《谈谈翻译》一文中坦言"正因为不通外国语，我才要读译本呢"，揭示出这样一个浅显的道理："别人不懂外文，所以要请教你译；如果大家懂得，就不必劳驾了。"正是凭着"不通一种外国语"的"外行"眼光，叶圣陶才看到并指出了问题的实质。叶圣陶的核心思想是反对"死翻"。"死翻"，一言以蔽之，就是"用中国字写的外国话"。"各种语言的语言习惯都是相当稳定的"，"既然是两种语言，语法方面，修辞方面，选词造句方面，不同之处当然很多"，"同样一个意思，运用甲种语言该怎么样表达，运用乙种语言该怎么样表达"，不能"死翻"，即便"接受外来影响"，也"要以跟中国的语言习惯合得来为条件"。据叶圣陶想，"翻译家是精通两种语言的人，也就是能运用两种语言来思维，来表达的人"，反观之，"能运用两种语言来思维，来表达的人"才算是"精通两种语言的人"，"精通两种语言的人"才能成为"翻译家"。叶圣陶的意思是："死翻"者自然成不了"翻译家"，之所以成不了"翻译家"，其根本原因就在于不精通两种语言，不能运用两种语言来思维、表达，而不精通两种语言，不能运用两种语言来思维、表达，最终结果就只能是"死翻"——"用中国字写的外国话"。

  吴岩以"内行"的眼光审视"外国化了的中文"，站在"辩证地对待两种语言文字"的思想认识高度来批语"翻译体"，指出："根据中国语言文字的特点，忠实地融会贯通地把原作翻译和表达出来"。叶圣陶以"外行"的眼光旁观"用中国字写的外国话",立足于"精神两种语言"的基本条件来批评"死翻",指出:"各种语言的语言习惯都是相当稳定的,咱们接受外来影响要以跟中国的语言习惯合得来为条件"。吴岩与叶圣陶二人看问题的角度不同,观点却完全一致:"根据中国语言文字的特点"并"跟中国的语言习惯合得来"。吴岩和叶圣陶所针对的是操汉语的译者将外语译成汉语的情况,主张译文要"根据中国语言文字的特点",要"跟中国的语言习惯合得来"。若就"所译者"和"所以译者"而言,吴岩和叶圣陶的主张无非是:服从译语的语言习惯!

每门语言都各有其不同的语体,而不同的语体之间存在着明显的差异。虽然每门语言的大部分词语适用于各种语体,但是不少词语只用于某些特定的语体,有些词语只见于书面语,有些词语只用于某些特定的语体,有些词语只见于书面语,有些词语只用于口语。同时,交际身份、交际场合、交际内容以及交际心理不同,遣词造句均会有所不同。就翻译而言,了解并掌握"所译者"和"所以译者"两门语言中口语与书面语、正式语体与非正式语体之间的差异,进而在遣词造句上不仅"合意"而且"合宜",当裨益匪浅。一般来说,原文用的是书面语体,译文则不能用口语语体;原文用的是口语语体,译文也不能用书面语体;原文非常正式,译文则不能不正式;原文不正式,译文也不能非常正式。虽然一门语言中的基本语法和词汇是使用该语言的大多数人都懂得的,属于"共同核心部分"(common core),然而不同的行业有不同的"行话",不同的专业有不同的"术语"。译文应该是个统一的整体,译文既不能口语与书面语糅杂,更不能"方言"与"雅言"纷呈。总之,翻译的时候,译者必须关注原文及译文遣词造句的"语域"(register),使译文不仅在语义上"合意",而且在语用上"合宜"(appropriate)。

据张中楹《关于翻译中的风格问题》一文载,有个美国人翻译《论语·雍也》时最终将孔子发誓说的"天厌之"译成了"God damn it"!用"God damn it"来译"天厌之"虽然在语义上"合意",但在语用上却不"合宜"。由此可见,译文除了信守原文的内容意旨、遵从译语的语言习惯之外,还必须切合原文的语体语域。

四、翻译的标准

(一)中国学者及翻译家的学说

中国翻译家及其翻译理论和学说众多。例如:严复先生的"信、达、雅"三字标准;鲁迅先生的"兼顾两面"论;钱钟书先生的"化境"说;茅盾先生的"忠实""通顺"准则;林语堂的"忠实标准、通顺标准、美好标准";刘重德先生的"信、达、切"三字标准等。

(二) 外国学者及翻译家的学说

"等值论":以苏联的费道罗夫为代表的:"等值翻译就是表达的原文思想内容完全准确并在修辞上、作用上与原文完全一致。""等效论":奈达先生的"动态对等"(dynamic equivalence)及"功能对等"(functional equivalence)学说,强调读者反应,即译文读者对译文所产生的反应与原文读者对原文所作出的反应基本一致。

英国历史学教授泰特勒(A.F.Tytler)在18世纪提出的翻译三原则:译文应完整地再现原文的思想内容;译文的风格、笔调应与原文的性质相同;文应像原文一样流畅自然。

(三) 三类翻译原则

1. 以作者或读者两方中某一方为主要着眼点的原则

中国汉唐时期的"文"与"质"之争(实际上是意译与直译之争)主张"文"的翻译家强调翻译的修辞和通顺强调译文的可读性(意译);主张"质"的翻译家则强调翻译的不增不减,强调翻译的忠实性(直译,甚至是硬译)。两者都有片面性。

2. 同时考虑作者和读者的翻译原则

严复的译事三难"信达雅"鲁迅的"凡是翻译,必须兼顾着两面,一当然力求其易解,一则保存着原作的丰姿。"符号学的翻译原则:"意义相符,功能相似"(correspondence in meaning and similarity in function)(意义的分类,文本功能的分类)。

3. 从美学角度提出的翻译原则

傅雷的"神似"(imilarity in spirit)说:《高老头重译序》中提出来的:"以效果而论,翻译应当像临画一样,所求的不在形似而在神似"。"神似"即要传达原文的意蕴和韵味,"把原文的意义、神韵把握住"。

钱钟书的"化境"(perfection; sublimation)说:《林纾的翻译》一文中提出。"把作品从一国文字转变成另一国文字,既能不因语文习惯的差异而露出生硬牵强的痕迹,又能完全保存原作的风味,那就算得入乎化境。"译作被比作原作的"投胎转世"(the transmigration of souls)。

许渊冲的"三美说":音美、形美、意美。

(四) 基本标准:忠实而通顺

在翻译中,忠实与通顺是一个矛盾统一体的两个方面。二者相辅相成,不可割裂。忠实是翻译的首要问题,因而是矛盾的主要方面,在翻译中要首先解决好。

通顺是矛盾的次要方面，是第二位的，但在实践中决不可只顾忠实而忽视了通顺，二者必须"统筹兼顾"。达到这个基本标准并不容易。在翻译过程中要考虑众多因素，处理众多矛盾。如：你想力求"忠实"，又怕引起"不顺"，你想力求"通顺"，又怕引起"不忠"；你想传达"异国情调"，又怕造成"翻译腔"，你想避免"翻译腔"，又怕丧失"异国情调"；你想紧跟作者，又怕失去读者，你想照顾读者，又怕背叛作者……

总而言之，矛盾重重，左右为难。所以有人说，一篇文章由一百个人来译，定会译出一百个样子来。

第一，要正确处理忠实与通顺的关系。第二，要正确处理内容与形式的关系。第三，要正确处理克己意识和创造意识的关系。

五、言内语境对翻译的影响

言内语境，即文章或言谈中话题的上下文或上下句。一般来说，对话语的理解依据是上文，听话人或读者对上文或上句做出推理，说话人然后又进一步说明，这种说明又成为听话人理解说话人意图的依据。正确把握各种语言环境，对正确理解话语有着重要的作用。

言内语境又分为"音调语境""语义语境""语法语境""语体语境"四类。

（一）音调语境对翻译的影响

词或句子读音的轻重、抑扬顿挫、语调升降、节奏等在交际中表达它们各自的意义，对构建语境有十分重要的作用，尤其是在口语中，这种作用更加明显。因此，词或句子的重读及节奏也能构成语境。英语有多种调型。每一种调型都表示不同的意义。同样是 This is Bob's girlfriend.（这是鲍勃的女朋友。）这句话，如果用调型1，就是陈述句，表示"这是鲍勃的女朋友"这个事实。如果用调型3，就是疑问句。调心放在 girl friend 时，表示对"女朋友"这一身份的疑问，调心放在 Bob 上，表示对是否是"萨沙"的女朋友的疑问。可见，说话者的语调就是一种语境，根据说话者的语调便能推测出他要表达的感情，是陈述、疑问或者其他语气。

（二）语义语境对翻译的影响

马林诺夫斯基曾指出："语境是决定词义的唯一因素，舍此别无意义可言。"当词语进入具体的言语活动后，它所具有的语义往往是非常丰富、复杂的。这些丰富而复杂的语义不能只从词汇意义和语法意义去理解，而要联系和依赖语境。只有这样才能在言语交际中消除含混性和歧义性，从而准确无误地理解词义。语义融于语境之中，语境不同，语义也会随之发生变化，这是语义学一条最基本的原理。脱离了语境，不仅对词，而且对于完整的句子而言，也可能产生歧义。因此，语义与语境在语言交际中是相互依赖、不可分割的，而且是语境中的重要一员。

"bling bling"本意为"闪亮的"，很多中国女孩都会喜欢这样的饰品或者衣服，但如果在外国上听到这个词，看到这样的穿着，可不要以为别人在夸赞你，通常这是对那些特殊服务工作者的一种蔑视的称呼。在翻译过程中，对词语意义的正确理解非常关键。因为在长期的社会交际过程中，人们对某些词的特殊含义已经集体认可，这些词本身就代表着一个特定的语境。如果不理解就很容易错译闹出笑话。

（三）语法语境对翻译的影响

语法是语言的结构规则，特定的语境往往制约着词或句子的语法意义。句子根据内部特点可以分成许多类型，如长句和短句、整句和散句、主动句和被动句，肯定句与否定句，等等。一种意义往往可以用好几种句子来表达，但语境制约着句式的选择，形成了语法语境。因此，语法语境不但可以表现在句子中的词与词之间的相互制约上，它还可以排除句法歧义。

在汉语中，词组"学习报纸"既可以是动宾结构，也可以是偏正结构，但在具体的语境中，这个词组的语法意义就具有单一性了。在俄语中，这种语法方面的影响主要通过词的各种不同形式来表现。

1.名词的表现形式

英语语法对名词的影响主要通过格来体现。名词共有六种格，每个格都有自己独特的含义。例：The driver sent the textbook to the students. 司机给学生们运来了教科书。

熟悉英语语法的人一看就知道the driver是一格，作该句的主语，表示"运来"这个行为的发出者。students是三格，作间接补语，表示"运来"这个行为的间接对象——给谁运来。textbook是第四格，作直接补语，表示"运来"这个行为的直接对象——运来了什么。

根据名词的格便能推测出它在句子中是什么成分，表达什么意义。这就是一种语境。

2.动词的表现形式

动词有人称、体、时、式、态等方面的不同变形。人称表明动作的发出者。

例1：—Are you on a business trip? —No, I am going my home.

—您是出差吗？—不是，我是回家去。

上例对话虽然主语都未出现，但我们根据动词的变位对主语是谁已经了然于心。

例2：我读过这本书，但是没有读完。

通过动词的体就能分辨出动作完成与否。同样根据动词其他形式的变化我们也能做出其他方面的判断。

（四）语体语境对翻译的影响

语体是指在特定的语言环境中使用的、有一定语言特征的语言变体。正确把握语体对正确理解、解释原文意义、实现翻译等效、避免语用失误都起着非常重要的作用。不同的语体有其特定的语言特点，翻译时一定要根据不同的语体选取恰当的字眼，这就形成了语体语境。科技语体用词严谨、精确、简洁；公文事务语体用词客观、公正，不掺杂个人感情；报刊政论语体用词正式、大气；口语语体比较随意。

例1：There are a number of points between two points in a straight line.直线上两点之间有无数个点。

上例显然是科技语体，如果将其译成"在直线上任意两个点之间有着无数个点"就显得不够简洁，而科学美在简洁美、在言简意赅。

例2：Citizens under 18 years of age to apply their own legal guardian to raise questions about citizens.未满18周岁的公民通过自己的法定监护人来提出公民方面问题的申请。

上例很显然是法律条文里的规定属于公文事务语体。表示"人"不用"people"，是因为这些词带有很强的个人感情色彩。而公文事务语体重在客观公正，所以用了一个情感色彩上非常客观的词——cities。

例3：Russian tennis team has achieved a brilliant victory.俄罗斯网球队取得了辉煌的胜利。

这显然是新闻报道，属于报刊政论语体，用词很官方正式，就体现在"brilliant"一词上。它的意思是"辉煌的、卓越的"。如果在口语中我们可能会选用"good"一词。但报刊政论语体用词正式的要求让我们选择了前者。

六、言外语境对翻译的影响

在有些场合，较小的语言环境不能解决问题，必须考虑较大的非语言环境。非语言环境指话语所发生的语言之外的环境。非语言环境从各个方面影响着词的意义，如社会背景、语言情景、具体事件以及讲话方式，等等。对各种言外语境的正确把握，对正确理解话语同样有不可忽视的作用。

言外语境又分为情景语境、文化语境、认知语境三类。

（一）情景语境对翻译的影响

情景语境就是指言语行为发生的实际情景，它应包括下列一些内容：

1.言语活动的风格

包括参与者双方的年龄、性格、身份、职业、修养、处境、人格、观念、社会地位、思想倾向以及相互关系等。

比如我们对所有的长者和陌生人都要称呼"您"，称呼我们熟悉的成年人要称呼名字和父称。我们路上碰到伊万·伊万诺维奇老师的时候，我们应说"Morning, Mr Yiwan."碰到同学安娜时，我们可以说"Hi, Anna."或者"Hello, Anna."因为我们辈分相同，而且相当熟悉，因此直接称呼其名或者昵称即可。

2.言语活动的正式程度

当两国首脑会晤时，这是一个非常隆重和正式的政治场合，参与的人物也都是国家元首和政府高级官员，所以我们应用比较正式的词汇和句子结构。

例1：10月28日俄罗斯总统在克里姆林宫会见了中国国务院总理。October 28th Russian President met with Chinese Premier in Moscow Kremlin.

在普通场合下，两个熟人相遇非常随意，没有任何其他约束，我们则用比较口语化、平时常用的词汇和句型。

例2：I met Anna in classroom.我在教室里碰上了安娜。

3.言语活动的范围和主题

言语活动的范围包括政治、经济、科技、文艺、日常生活等领域。

政论性文章翻译时要做到清晰、明确、贴切、严谨、标准、规范。

例3：中俄在重大问题上立场相同或相近。China and Russia agree on major issues.

科技语体特点是专业词汇多，句法关系严密，重逻辑避感情，言简意赅。因此科技作品的翻译重信息内容轻信息形式。

例4：The results are different from different units in the same length.同一长度用不同单位测量结果不同。

以上这些因素直接或间接地影响着词的选择和词义的定位。

（二）文化语境对翻译的影响

有的词只依据情景语境还难以理解其真正内涵，还必须结合一定的社会文化知识背景，即文化语境。文化语境指说话人所在的言语社团的历史文化、风俗人情、价值观、社会交流等。同一文化背景的人在言语活动中更容易接近、理解，然而不同的民族和历史就会导致截然不同的文化。

以中俄两国为例，众所周知，中国人的图腾是龙，而在俄罗斯，龙却是罪恶的代表，是恶魔的化身。在中国以贪吃懒惰著称的熊却是俄罗斯人的图腾。他们以熊为骄傲，所以，我们不要当着俄罗斯人的面说熊的缺点，也不要因为俄罗斯人认为龙是罪恶之源而生气，这是历史文化的差异。

再比如中俄文化在用"前"和"后"分别指称过去时和将来时采取不同的立场。中国人仿佛是面朝"过去"站着，把已经发生的事情看成在前面，而把待发生的事情看成在后面。如：前无古人后无来者；前事不忘后事之师等。俄罗斯人则相反他们是面朝"将来"站着，把已经发生的事情看成在后面，而把待发生的事看成在前面。

例：In front of us, there is a large number of people who have given their lives for Russia.

不能译为"……在我们的背后"，只能译成"在我们的前头有一大批革命者，为了俄罗斯的解放献出了自己的生命。"

语言与文化的融合产生了文化语境，是语言交际不可缺少的因素。只有很好地理解并运用文化语境，我们才不会相互误解而能更加顺利地进行交流。

（三）认知语境对翻译的影响

由于人的知识结构是对外部世界结构化的结果，所以，具体场合及个人经常用到或出现的语言使用特征，也可以在大脑中结构化。语用因素的结构化便产生了认知语境。认知语境是指与语言使用有关的、已经概念化或图式化了的知识结构状态。语言使用时，交际者根据交际场合的需要，可以自觉或不自觉地激活有关的认知语境内容，使之投入使用。储存在个人的知识结构里，使个人的语言行为适合社会、文化和政治环境。比如在演讲比赛时选手开始一般会说"Hello"，结束时则说"That's all, thank you"；敬酒时说"cheers..."。以上的习惯表达都是在特定的语境下人们已经概念化了的表达，只要是在相关场合下，这些表达必不可少且绝对不会出错。为了使我们的翻译工作更加顺利，我们可以对特定语境下的习惯用语加以背诵，在大脑中形成模式以提高我们的翻译速度和质量。

语境是一个广泛的概念，可以说生活中的一切似乎都可以归到这个词汇的范畴下。人们说话的语调谈话进行的地点、时间和内容交流双方的身份地位、社会背景、历史文化、宗教信仰等都影响着翻译。有人说："选择了研究语境便是选择了一个无法完成的课题。"由此可见，语境的范围是如何的广泛。我们要做有心人，处处留意、时时关注无时不在、无处不在的语境因素，迅速而正确地对其做出反应。

三、翻译中的语境

(一) 口译中原文语音语境下的句意理解

美国社会语言学家海姆斯（Hymes）曾经把语境定义为"话语的行式和内容、背景、参与者、目的、音调、交际工具、风格和相互作用的规范等"。根据这一定义，音调（key）也是语境的组成部分。广义的音调指的是人们讲话或写文章时的语调或基调。笔者认为用于口语情景中的音调即属于一种口语语境，也就是我们通常所说的包括音高（pitch）、重音（stress）和音长（length）的语调。在此，笔者试举例来看看句子重音在口译时句意理解上的作用。请看如下句子：（下画线为相对重读部分）

1. <u>I</u> did not take Jane to the swimming pool today.

2. I did not take <u>Jane</u> to the swimming pool today.

3. I did not take Jane to <u>the swimming pool</u> today.

4. I did not take Jane to the swimming pool <u>today</u>.

在不同的重音下，这个简单的句子依次有如下不同的句意理解：

1."我"今天没有带珍妮去游泳池游泳（别人带着珍妮去的）。

2.我今天没有带"珍妮"去游泳池游泳（而带别的人去游泳或是什么人也没带）。

3.我今天没有带珍妮去"游泳池"游泳（去了别的地方游泳，如海边）。

4.我"今天"没有带珍妮去游泳池游泳（以前去过，将来可能会去）。

由此可见，音调这一语境对口译时句意理解有着重要的作用，万万不可忽略，这样才能翻译准确。

(二) 译文形式与原文语法语境的对应

"语域"这一术语是英国语言学家韩礼德（Halliday）提出，其所反映的就是语境。美国社会语言学家弗什曼（Fishman）也提出了自己对"语域"的看法，认为语域是受共同行为规则制约的社会情景，它包括地点、时间，身份和主题，也就是何时、何地对谁说什么。根据语域，句子可分为六种基本语体形式，即庄严体，正式（formal）体，非正式（informal）体，随意（casual）体，亲昵（intimate）体，家庭（familial）体等。各种语体形式都有其使用地点和时间的限制，根据说话人和听话人的身份以及说话的主题不同而变化。翻译时，应首先弄清楚原文所处的语域，究竟属于哪种语体形式，译文形式力争与原文保持一致，力求保持原文语言风味。例如：

1.You haven't to come today.

2.You don't have to come today.

3.You haven't got to come today.

这三个句子都是"have to（必须）"的三种否定意义的表达形式。"haven't to"语气最强，一般用于正式文体中。"don't have to"语气次之，是一种非正式用法。"haven't got to"语气最弱，是一种非常随意的表达。根据这三种形式的使用情况，即其所在的语境，我们在译成中文时，可依次译为：①你今天不须来。②你今天不必来。③今天你甭来了。

（三）译文词义选择与原文语义语境理解

1.笔译时对原文语义语境的理解

句子和句子之间的意思相互连贯，每一句的意思都受到上下文的制约，即我们所说的语境制约（context-sensitive）。许多句子只有结合上下文才能准确理解。所以，当我们遇到难以理解的句子，决不能主观臆测，而要反复研读上下文，从中找到解决办法。有时候，相关意思的句子还会不相连接，相距甚远，这时必须仔细研读，才能先后相互照应。如下句：I was ordered to practice half an hour every day, and every day I tried to get out fit.曾有人把"to get out fit"译为"躲过去"。然而，本句的上下文是父亲要"I"学手风琴，"I"很不情愿，但学得还不错，并且能参加音乐会表演了。很明显，译为"躲过去"与能取得登台表演的成绩是相矛盾的。所以，"get out fit"在这里只能是（思想上）跳脱出来，或者说"思想上开小差"，即"应付""敷衍"过去的意思，主要是为了表明"学琴不是出于自愿"。根据上下文的这些考虑，全句译文应为：规定我每天练半小提琴，而我每天都敷衍了事应付过去。

翻译时认真对原文的语境进行分析，就能准确地理解和把握原文的句意和说话人或原作者的意图，才能避免译文生硬不畅，甚至违背说话人或原作者的本意。选择恰当的词义离不开对原文语境的理解。英语中一词多义（polysemy）现象很多，我们在英译汉时，不能望文生义，或只知其一意义项就做出翻译的词义选择。英国语言学家弗斯（Firth）曾认为，在新的语境里，每一个词都是新词（Each word is a new word in a new context.）。因此，我们必须通过原词所在语境的上下文的逻辑关系，反复斟酌，深入分析，做出恰当的词义选择，绝不能不顾上下文，仅仅按词典释义死搬。否则，译文就会出错，造成上下文脱节，文句不通。例如：Suddenly the line went limp. "I'm going back," said Kurth. "We must have a break somewhere. Wait for me. I'll be back in five minutes."有人把"We must have a break somewhere"误译为"我们必须找个地方休息一下"，这是因为他没有从上下文语境去理解break的词义。"break"是多义词，既可作"休息"解，又可作"断裂，断开"解。根据此句的上下文,"break"在这里应理解为"断开"。所以,此句应译为:引爆线突然耷拉下来,库尔斯说:"我回去看看。一定是哪个地方断了。等一等,我五分钟就回来。"

2.语义语境与译文表达的确定

译文所表达的一词一句都必须符合语境的要求,必须兼顾上下文,不能前后矛盾,互相悖谬,或不相连贯。只有保证了与上下文一致,译文才能称得上好译文。下面是一位仆人与女主人一个对话:

仆人:There's a man here.He wishes to speak with the mistress.

女主人:A man? Who is he? What does he want?

有译文为:——有个人来了,他要找太太说话。——是个男人?是谁呀?他有什么事?原文意思很明白,译文却有点问题。仆人只通报女主人"有个人",太太怎么会知道"是个男人"呢?的确,"man"既可指"人",也可指"男人",但在这个译文语境里,上下两句中的"man"必须译成一样才不会造成误译。最好译成:——来了个男人,要找太太。——一个男人?谁呀?有什么事?总之,语境问题在翻译中至关重要,应予以重视。必须加强对原文语境的分析,才有助于摸清原文的脉络,把握原文的精髓,译作才能体现原文风格。只有这样,才能保证译作的质量。

第三节 语境层次

一、语境层次性与翻译

语境的交际层面一般强调研究文本产生的交际情景(situation),不同的交际情景需要不同变体的语言,所以语境的交际层面实际研究的是语境中不同语言变体,哈特姆和梅森将语言变体分为两大类:与用途有关的不同语域变体和与使用者有关的不同方言变体。

语境往往产生于交际过程中,是由时间、地点、场合、对象等客观因素和使用语言的人的身份、思想、性格、职业、修养、处境、心情等主观因素所构成的使用语言的环境。桂诗春先生在其《语言使用的研究方法》一文中指出:"要理解话语就必须了解说话人在特定环境里使用话语进行的活动。"语言本身并不是孤立的现象,它与人们的思维、社会生活与科学文化紧密相连。因为语言交际是在特定的背景下,围绕一定的目的进行。只有当交际的双方对交际内容的背景有着共同的认识和理解时,交际的目的才能得以实现。而分析语言现象,也就必须把它和它所依赖的环境联系起来。有些句子只有在吃透语境的前提下,才能真正理解其中的真实含义。

语境的语用学研究的是语言和语言使用环境的关系，即"特定情景中的特定话语，特别是研究在不同的语言交际环境下如何理解语言和运用语言"。该层面一般包括两个主要的亚层面：奥斯汀的言语行为理论对翻译的指导作用，其中又以言外行为对翻译的影响为主讨论言外之意的传递问题，合作原则对翻译的标准的重新界定。即我们主张把翻译看作是一个作者与译者以及译者与读者的交际过程，因此译者在从事翻译的过程中同样必须遵守合作的四原则：量的原则（所说的话应包含交谈目的所需的信息；所说的话不应包含超出需要的信息）；质的准则（努力使说的话是真实的）；关联准则；方式准则（避免晦涩；避免歧义；简练；有条理）。

要做到语用等效翻译，就必须考虑到译出语与译入语不同的语言习惯，不同的语用环境。译者使用歧义词或措辞不当，使读者无法理解而造成的误解，或译者没能力表达清楚言外之意导致的交际失败，就是因为译者未考虑两种语言不同的语用语境，简单地把译出语的言语行为策略或将译出语的对应词迁移到了译入语。因此，译者在翻译的时候，不仅要把握住作者的语用含义，而且要把这种隐含的弦外之音传递给读者。在大多数情况下，译出语的字面意思与其语用含义是对等的，译者只需根据译出语的语义进行翻译即可得到语义与语用的完美对等。

但有些时候，译出语的字面意思与其语用意义有一定差距，虽可直译但表达不清其语用含义，这时作为原作者与读者中介的译者往往应该舍弃其语义层面的对应而求其语用呼应，以便读者理解原作者的言外之意，写作意图。

作者与读者赖以交流的东西是符号，语境的符号层面是使交际得以继续的主要推动力。按照皮尔士的观点，符号是"一次发生的三重关系：其一，使联系过程开始的东西；其二，其对象；其三，符号所产生的效果。从广义上说，解释是符号的意义。"符号一般都具有明指意义和暗含意义。于是符号不应被看作只与某个词或是某个概念有关，而应看成一个不断自我更新的现象，在特定文化的集体潜意识中确定自己的意义。符号不再是单个符号，而成为汇集意义的符号实体。注意翻译在语境的符号层面上的对应，其实就是要求译者注意语境在语言语篇上的衔接与连贯。语境的符号层次设计构成语言的所有要素。这些要素都在不同的层次上影响词义的产生与理解，因此也影响词义的翻译。语言现象中的一词多义或一句多义非常普遍，在翻译中要确定正确的词义和语义，首先要借助于语言性语境。语言性语境又可分为直接语境和文本语境。直接语境是指在一句话或一段话中，词的搭配关系所产生的语境。文本语境是比直接上下文远得多的上下文，也可以是整部作品。由于受传统语法学和语义学的影响，语篇在符号层次方面的研究要远远比语篇在交际层次和语用层面上的研究早得多也详细得多。

无论是言内语境（如上下文），还是言外语境，如语域、体裁、意识形态，它们对语言的使用—语篇的编码和解码，无不产生这样或那样的影响。翻译，作为语用的一种形式也不言而喻。正因如此，所以本文的重点旨在阐明：由于语境的层次性差异，它们对包括翻译这一形式在内的言语编码的作用程度，即张力关系是并不相同的。具体来说，如果说上下文语境对翻译的作用，在范围上主要限于对原文的理解阶段，在程度上表现出直接和显而易见的特征的话，那么，其他3类语境，即语域、体裁、意识形态则依其本身抽象程度的由低到高而表现出在对翻译的张力关系上呈现一种由直接到间接，由微观到宏观，由局部到整体的梯级变化。换言之，抽象程度较低的语境，如上下文，一方面，从言语解码的角度，较易识读；从对编码的作用力方面，最为直接；而抽象度较高的语境，如体裁和意识形态，不易识别，更加隐蔽，同时相应地表现在对译文编码的影响上，一方面更为隐蔽和间接，另一方面却更为宏观和整体。也就是说，抽象程度越高的语境对翻译的张力越大、对译者的要求越高、对译文质量的影响越大。

第六章　英汉语对比与翻译

第一节　英汉语言对比与研究

在经济全球化的当今世界，我们对外交往中跨文化的言语交际显得愈发重要。语言是文化的载体，不同的文化氛围自然会呈现不同的文化形态，而这种文化差异反映到语言层面上则表现为语言差异。著名语言学家赵元任认为，"所谓语言学理论，实际上就是世界各民族语言综合比较分析研究得出的科学结论。"通过对比分析和研究，我们不仅可以进一步认识外语和母语的特性与差异，认识不同语言的各个层面的相似性和差异性，而且能够有意识地注意不同语言各自的表现方法，有利于跨文化交际中防止语言表达错误，避免运用失当，从而达到成功交际的目的。

一、英汉语言对比差异

（一）谱系的差异

作为世界通用语言的英语，属于印欧语系，是一种拼音文字，单词有重音、次重音等，没有四种声调，但句子可以有不同的语调；汉语属于汉藏语系，是一种表意文字，音节有四种声调变化，语调也很丰富。

（二）语言类型的差异

英汉语言从形态学分类来看，英语属于综合分析语，是从综合型向分析型语言发展的语言，即主要通过词本身形态变化来表达语法意义；汉语是以分析型为主的语言，即语法关系不是通过词本身的形态变化来表达，而是通过虚词和词序等手段来表示。

(三) 词汇的差异

1. 功能上的差异

英语的冠词和汉语的量词、助词为各自语言所独有，通常无直接对应。英语中无汉语中的助词，但可通过动词的时态和体式、句式陈述与疑问等与汉语的助词功能相对应；汉语中也没有英语中的关系词和反身代词，但可通过词组、短句和相应的词汇运用来替代；英语中谓语动词的使用要受一定限制，汉语中动词的使用灵活，受限小，因而导致汉语多用动词，英语多用名词的现象；英语中的连词和介词的使用频率比汉语中更高；英汉语言都有许多相同的构词手段，但重叠法汉语常用，如千千万万、家家户户、干干净净等，英语罕用；英语的典型特征是词缀丰富，汉语的典型特征是形态变化少；英语多代词，汉语多实称；英语多变化，力戒重复，常常用替代、省略和变换的表达方法避免重复。汉语用词不怕重复，常常运用实称、还原、复说的表达方法。

2. 词序上的差异

英语句中单词修饰语一般放在中心词前面，短语和从句一般放在中心词后面，汉语定语无论单词还是词组一般放在中心词前面；英语的谓词状语一般可出现在动词前后，汉语的谓词状语常在动词之前；英语中在叙述和说明事物时，习惯于从小到大，从特殊到一般，从个体到整体，从近到远。汉语的顺序一般则是从大到小，从一般到特殊，从整体到个体，从远到近，两者顺序完全相反。

3. 词义上的差异

英语同义词、近义词丰富，但使用时往往有差别。在相同情况下，汉语同义词、近义词少些，使用也灵活些。比如表示"走"这个概念，英语就有walk、go、wander、stroll、saunter、trudge、plod、stride、march、trot、strut、shuffle、wobble、amble，等等，而汉语中的"走"可作为中心词不变；英语中一词多义和一词多用现象相当普遍，如mother一词，作名词是：母亲、妈妈、养母、继母、义母、母爱、女主管、修女院长、航空母机、航空母舰、根源等。作形容词是：母的、本国的、祖国的等。作动词是：生、产、抚养、照管、掩护等。而在汉语中，词义较稳定；由于英语词的含义比较广，对上下文的依赖性比较大。汉语词的含义比较窄，对上下文的依赖性比较小。

4. 表述上的差异

随着语言的发展，社会文化因素不断渗透到语词选择和定型的各个环节，如地理环境、社会历史、政治经济、风俗民情、宗教信仰、审美取向、社会心理差异、价值观念及思维方式，等等。因此，在语言的表述上同一含义词语的选择往往不同或同一词语出现不同的意义等。比如花钱浪费，大手大脚，英语是spend money like "water"，而汉语是挥金如"土"。英国诗人雪莱的《西风颂》（Ode to the West Wind），是对春的讴歌，其中的"西风"，在汉文化中却是指"春风"，这与英国地处西半球，北温带，海洋性气候有关。可见，有时在英语和汉语中没有完全相同的对等语而造成词汇空缺，也就在情理之中了。

在亲属称谓方面，英语以家庭为中心，具有模糊的特点，平辈人为一个板块，只区别男性、女性，看起来显得男女平等，但却忽视了配偶双方因性别不同而出现的称谓差异；而汉语中的称谓就比较清楚、具体，不易混淆。试比较：grandparents祖辈、爷爷、奶奶、外公、外婆 grandfather爷爷、外公；grandmother奶奶、外婆；uncle伯伯、叔叔、舅舅等；aunt姑妈、阿姨、姨妈等；nephew侄子、外甥；niece侄女、甥女；cousin堂/表兄弟、堂/表姐妹；grandchild孙子、孙女、外孙子、外孙女；grandson孙子、外孙子；granddaughter孙女、外孙女。

颜色词也有差异。如英语的"green"与汉语的"绿"同指一种颜色，但green-eyed却有"嫉妒""红眼病"之意，而不用red-eyed；"yellow"和"黄"也同指一种颜色，它们的概念义素完全相同，但背景义素中的民族文化义素却大不一样。在汉语中，黄色历史上是皇帝的颜色，象征帝王和权力，在当代"黄山""黄河""黄土地""黄皮肤"的"黄"则是中国的国色，寄托着中国人的民族感情。而在英语中，黄色的一个象征意义是"背叛""悲伤""发疯"等。

动物词的差异。如dog在英语中，喻指的形象一般较好：a lucky dog幸运儿，a gay dog快活的人、好玩的人；Every dog has his day.人人皆有得意日。在汉语里，狗可作为宠物，但指人时多含贬义："走狗""狗仗人势""狼心狗肺"等。对peacock，英国人强调与人媲美的高傲的一面，如as proud as a peacock孔雀般骄傲，play the peacock（沾沾自喜）。而中国人注重她开屏时的美丽，孔雀在中国文化中是吉祥美丽的象征。在区分禽兽的性别时，在汉语中，一般只用"公""母""雌""雄"来区分。比如"公牛""母牛""雄鸡""雌鸡"等；在英语中，除male、female、she、he可表雌雄外，往往各有其称呼，含总称、雄性名称、雌性名称、小动物名称。如：马horse、stallion、mare、foal，牛cattle、bull、cow、calf，鸡chicken、cockrooster、hen、chick，等等。动物类习语在形义关系上的异同之处：喻体相似，喻义相近：Kill two birds with one stone.一石二鸟；喻体不同，喻义相似：Kill the goose that lay the golden eggs.杀鸡取蛋；喻体、喻义在另一种语言中无对应习语：Birds of a feather flock together.人以群分，物以类聚。

从数词的运用看，英语数词成语及复合词在数量上少于汉语，同时汉语数词的构词能力较英语数词的构词能力强。如汉语任意两个相连的数词都可能组成一个成语：一差二错，三心二意，四分五裂，五黄六月，七情六欲，七嘴八舌，八九不离十，十拿九稳，十全十美等。英语中只有in one sand twos, at six es and sevens等。另外，汉语"八"与"发"谐音，是国人心目中的吉利数。但"八"

在英语中却无此含义。相反，英语 seven 与 heaven 从拼写到读音皆很接近，因此数字成语 be in seventh heaven 表示非常幸福、快乐。可见，英语民族对"7"的感情类似于中国人对"8"的感情。

（四）句子结构的差异

由于英汉两种语言在思维模式、文化习俗、历史背景等方面存在着差异，英汉式结构的差异在所难免。

1.形合与意合

英文重形，汉语重意。英语造句多用形合法（hypotaxis），即句子结构主要靠语言本身的语法手段。汉语是一种意境语言，多用意合法（parataxis）。它以神驭形，结构松弛，倾向于少用甚至不用形式手段，即句子结构不是借助形态和形式词，而是靠词语与句子本身意义上的连贯与逻辑顺序而实现的连接。从句子结构来看，汉语是一种叠加式的（additive）语言，句子的各个部分看上去好像都是"并列"的，犹如枝干分明的竹林；而英语是一种合成式的语言，句子结构就像树木丛生、干枝纠缠的树林。另外，英语主要以词汇为纽带，汉语主要以逻辑为纽带。英语造句主要借助连词、关系词等形式骨架，句子展开时可形成环扣式套接，注重显性接应，形式规范，紧凑严密，以形显义，句式上呈"聚集型"，因而有人将英语句子比喻成大树，从句好比是树枝；汉语造句则主要凭借隐含的逻辑将句中各成分统一起来。语段流散铺排，句子展开时不形成环扣式套接，造句更注重隐性连贯，注重逻辑事理顺序，注重功能，意义，词语间的组合以达意为标准，以意统形。为此，有人比喻汉语句子像竹竿，句中的动词好比竹节。

2.静态与动态

英语是屈折语（inflectional language），汉语是非屈折语（noninflectional language），相对而言，英语语言形态丰富。在一定程度上说，词的形态（及形式）变化是否过于繁复多变决定了词类优势。动词形态变化繁复，这就使英语动词的使用受形态的牵制，而名词就没有这个问题，因此名词在英语中占优势，名词的优势导致了介词的伴随优势。汉语词类没有形态变化问题，而动词与名词比较，动词的动态感强、动势强，名词则较为凝滞，所以在汉语中动词极为活跃。英语句子名词的使用频率大大高于动词，因而叙述呈静态。常用名词来表达原来属于动词或形容词所表达的概念，如用抽象名词来表达动作、行为、变化、状态、品质、情感等概念，句子结构的表述比较严谨，具有庄重感和严肃感，更能体现出哲理性和科学性。

例如：The doctor's extremely quick arrival and uncommonly careful examination of the patient brought about his very speedy recovery. 医生迅速到达，并非常仔细地检查

了病人，因此病人很快就康复了。汉语句子由于动词没有形态变化，受到限制少，倾向于多用动词，因而叙述呈动态（dynamic）。汉语的动词注重动态描写，不仅可以作谓语，还可以自由地作主语、宾语、定语、状语和补语等成分。由于使用起来相当方便，汉语的特点是倾向于多用动词，尤其是在表达复杂的思想时，常常借助动词，按时间顺序或逻辑顺序，逐步交代，层层推进。英语与汉语相比，英语可以说是一种抽象的语言而汉语则是一种具体的语言。正是由于这一点，英语呈现出静态的特点而汉语呈现出动态的特点。

3. 主语突显与话题突显

英语的主语突显结构是指主语和谓语这两个语法成分是句子的基本结构。英语句子主语一般不可缺少，谓语动词是句子的中心，两者强调协调一致。因此，英语句子主次分明，层次清楚，严密规范；汉语的话题突显结构指句子的基本结构是信息单位话题和评说的语言。赵元任指出："在汉语里，主语和谓语之间的关系与其说是施事与动作的关系，不如说是话题—说明的关系，施事与动作可以看作是话题和说明的特例。……因此，在汉语里用含义更为广泛的话题说明也许要适合得多。"由于汉语是注重话题的语言，常常将话题，即说话人想要说明的对象，放在句子的开头，而将说明部分置于话题之后，对其进行说明或解释。如：运动项目我最喜欢排球。另外，英语句子中主语一般应出现（只在祈使句、人物对话或个人简历中有时可以省略）；汉语句子的主语经常省略，因此汉语有大量的无主句。例如：Liberty is more important than life. 生命诚可贵，自由价更高。

4. 物称表达法与人称表达法

英语句子常用物称表达法，让事物以客观的口气呈现出来，使叙述显得客观公正，语气委婉间接，避免主观臆断；汉语句子在描述事物和阐述事理的过程中，习惯使用人称表达法，即用人或有生命的事物作主语。试比较：Not a sound reached our ears. 我们没有听到任何声音；Dreary depression seized him those days. 那些天他感到十分沮丧。

5. 主动与被动

英语句子中被动形式较多，特别是信息性或理论性的文体，据统计，科技英语中的被动式结构几乎占三分之一；汉语句子中多主动，被动形式用得少，有时不用被动形式也可以表达被动的含义。比较：Happy reunion was much felt among the family members at the Spring Festival. 春节家人团聚，充满着欢乐的气氛。

其他差异还有：英语句头短尾长，汉语句头大尾小；英语多长句、从句，汉语多短句、分句；英语多引申，汉语多推理；英语多省略，汉语多补充等。

(五) 篇章结构的差异

英语篇章的组织结构主要呈直线型（linear），即英语段落呈直线型展开，先有主题句，紧接自然衔接的例证句，然后收尾。或先出现例证句，以主题句收尾，成为典型的演绎与归纳型段落。直线型语篇结构显得直观。这种结构在句子之间使用连接词衔接，还是体现了解析式思维。英语段落遵循从一般到具体，从整体到个体的原则，信息呈线形铺展开，形式结构严谨。整个段落形成一个层级系统，层层递进，环环相扣，具有内在的连贯性。只要把握英语篇章这一特征，就容易抓住要点；汉语篇章的组织结构主要呈螺旋形（circular/spiral/indirect）展开，即对段落主题而言，作者往往不直接论证，而是在主题外围采取"迂回战术"，以多种间接的角度来说明主题，强调铺、呈、转、合，习惯于先分述，或从侧面说明，最后迂回点出主题，以反复而又发展的螺旋形形式对一种意思加以展开。中国人写文章以语义为中心，只要语义相关，篇章就会自然而然流动。句子之间是靠思维的连贯、语义的自然衔接、上下呼应来表达一个完整的意思，仍然体现了整体式思维。在段落信息的安排上，往往采用归纳法，即：先具体描述，后概括说明，先陈述理由，后作结论；也就是所谓的"先分后总""先因后果"的组篇模式。因此，汉语的思维模式呈螺旋式。英汉在篇章结构上的不同反映了一种习惯性的思维模式，在语言风格上的表现就能反映出来。美国语言学家罗伯特·卡普兰（Robert B.Kaplan）研究归纳出几种不同的思维模式。包括汉语在内的东方语言思维模式的特点是遵循螺旋形发展；阿拉伯语是平行型；拉丁语系（包括法语、意大利语、西班牙语和葡萄牙语等）以及俄语是时而被打断的曲折型；而英语则是依直线型发展。虽然对Kaplan的这种假设尚有不同看法，但许多学者是持肯定态度的。

(六) 语用含义的差异

话语可划分为自然意义和非自然意义。话语的非自然意义指人们意欲表达的意义，即在特定的场合下表达出交际者意图的语用隐含意义。确定语用含义是一个复杂的过程，需要综合和分析、归纳和演绎的统一应用。因此，研究不同自然语言表达式在具体语境中的语用含义是十分必要的。语用含义与民族文化息息相关，文化的渊源不同，词语所承载的文化含义往往就会出现差异。有时来自不同文化背景的人，在理解某些特定的词语时，总是根据头脑中固有的参考系统，虽然使用同一词语，心理联想到的词语含义却不尽一致。在特定的文化语境中，词语表层的指称意义与深层的言内意义可能有所不同，或同一事物在不同的文化背景中所引起的语义联想不同。因而对这些词语的理解就涉及沟通和移植异族文化，以达到语用意义的等值转换。如："柳树"（Willow）一词，在汉文化中，常用以喻指春天的来临和春光明媚，或借柳树抒发离别思念之情，故有"春风杨柳万千条"和"惜我往亦，杨柳依依，今我来思，雨雪霏霏"的优美诗（词）句。在西方文化中，古时候有戴柳叶花圈以哀悼死者的习俗，故"wear the willow"有"服丧；戴孝；痛失心爱的人；悼念爱人之死"之义，后来的引申含义还有"被情人遗弃，失恋"等，而这种联想意义在汉文化中是没有的。再如"醋"（vinegar）字的使用，在汉文化中可喻指一种嫉妒心理。唐张鷟所作笔记《朝野佥载》记有这么一段故事：唐朝宰相房玄龄的夫人好嫉妒，唐太宗有意赐房玄龄几名美女做妾，房不敢受。太宗知是房夫人执意不允，便召玄龄夫人令曰："若宁不妒而生，宁妒而死？"意思是，若要嫉妒就选择死，并给她准备了一壶"毒酒"。房夫人面无惧色，当场接过"毒酒"便一饮而尽，以示"宁死而妒"。其实李世民给她的毒酒只是一壶醋。李世民给这位房夫人开了个玩笑，于是就有了"吃醋"之典。然而，在西方文化中，"醋"只是一种普通的酸味调味品，很难把它与嫉妒联系起来，喻义一般指"尖酸刻薄的；不愉快的"。另外，汉语中的"松、竹、梅"能使汉族人联想到"岁寒三友"，具有"斗霜傲雪"，"高风亮节"的伴随意义。但英语中的对等词语 pine, bamboo, plum 却不能使讲英语的人引起类似的联想。还有我们熟悉的"江南"二字，容易让我们联想到杭州的西湖、苏州的园林、鱼米之乡，以及漂亮的女子。而英语的"south of the Yangtze River"只能给人一种地理位置的感觉；综上分析，在对外交往中，必要时需采用释义等方法将类似词语的语用含义在英语中再现出来，以避免出现交际障碍。

（七）礼节上的差异

中国人推崇社团和集体价值，强调社会群体的统一和认同，而西方人则强调个人的存在价值，崇拜个人奋斗。由此在语言使用上呈现出差异。比如在受到赞扬时，英美人会自信地说："Thank you"，而中国人一般会用否定词，谦虚作答："不好""一般""过奖"等；礼节性地打招呼时，中国人见面往往会找话说，而英美人常对"Have you eaten yet?""What are you busy with?"等问题或感到莫名其妙，或以为是期待回答的真正问题，失去了打招呼或寒暄语的原本意图，且这样的问题有干涉别人隐私之嫌。

应当指出的是，处于完全不同语系发源的汉语语言和英语语言毋庸置疑存在较大的差异。为便于了解相互的文化差异、人际关系、社会环境、价值观念和交际习俗，我们很有必要比较、探索并掌握汉语语言与英语语言的差异。这将更有利于我们在学习和交流、生活和实践中准确恰当地把握和运用汉英语言，并最大限度地发挥英汉语言的作用服务于社会经济的发展。上述差异仅是英汉两种语言的本色而已，并非是绝对的此有彼无，而是相对的此强彼弱或各有特色，谈不上孰优孰劣。英汉语言之间的相互渗透，相互影响是过去、现在及未来语言发展的规律和趋势。认识这两种语言的差异，对我们提高英语水平和对外交往的能力都有积极的意义。

二、英汉语言对比研究

翻译教学和研究的经验表明，翻译理论与技巧必须建立在不同语言和文化的对比分析的基础之上。英汉互译的几项基本原则和技巧，如选词（Diction）、转换（Conversion）、增补（Amplification）、省略（Omission）、重复（Repetition）、替代（Substitution）、变换（Variation）、倒置（Inversion）、拆离（Division）、缀合（Combination）、阐释（Annotation）、浓缩（Condensation）、重组（Reconstruction），以及时态、语态、语气、习语、术语等的译法，都集中地体现了英汉两种语言的不同特点。

（一）综合语与分析语

形态变化、词序和虚词是表达语法意义的三大手段。综合语的特征是运用形态变化来表达语法关系。拉丁语、德语及古英语等都属于这类语言。分析语的特征是不用形态变化而用语序及虚词来表达语法关系。汉语就是典型的分析语。

1.英语有形态变化，汉语没有严格意义的形态变化

所谓形态变化，即词的形式变化，主要包括以下两方面：

第一，构词形态，即起构词作用的词缀变化（affixation），包括大量的前缀（prefix）和后缀（suffix）。

第二，构形形态，即表达语法意义的词形变化。

2.英语词序比较灵活，汉语词序相对固定

形态变化与词序有密切的关系。形态变化越多的语言，词序越灵活，反之亦然。汉语是典型的分析语，词没有形态标志，位置不能随便移动，词语之间的关系主要通过安排词序及使用虚词来表达。英语属综合—分析语，词序不如拉丁语灵活，但也不如汉语固定。英语的语法意义可以通过词序或虚词来表达，在许多情况下也可以用形态标志来表示。

3.英汉两种都有大量的虚词，但各有特点

4.英语是语调语言，汉语是声调语言

（二）聚集与流散

英语句子有严谨的主谓结构，这个结构通常由名词性短语（NP）和动词性短语（VP）构成。主语不可或缺，谓语动词是句子的中心，两者协调一致（S-V concord），提纲挈领，聚集各种关系网络（connective-nexus）。因此，英语句子

主次分明，层次清楚，前呼后应，严密规范，句式呈"聚集型"（compactness）。英语的主语和谓语动词搭配，形成句子的核心（kernel），谓语动词控制句子主要成分的格局。句子尽管错综复杂，千变万化，但根据谓语动词的类别和特征，都可以把英语的主谓结构归结为五种基本句型，即，SV, SVP, SVO, SVOO, SVOC。英语句子复杂而不流散的另一重要原因是，句子成分之间或词语之间必须在人称、数、性和意义等方面保持协调一致的关系（concord 或 agreement）。这一原则包括三个方面：语法一致；意义一致；就近原则。

英语句子成分之间这种协调一致的原则，使句子结构受到形态的约束，因而句式严谨、规范、刻板，缺乏弹性。相比之下，汉语的主谓结构要复杂得多。主语不仅形式多样，而且可有可无：它既可表示施事、受事，也可表示时间、地点；既可用名词、动词，也可用形容词、数量词；句子既可以没有主语，也可以省略主语，还可以变换主语并予以隐含。汉语不受形态的约束，没有主谓形式协调一致的关系，也就没有这种关系可以驾驭全句。汉语主谓结构具有很大的多样性、复杂性和灵活性，因而句式呈"流散型"（diffusiveness）。汉语句式的多样化还表现在，有整句，也有大量的零句。整句有主谓结构；零句没有主谓结构，由词或词组构成。零句是汉语的基本句型，可以作整句的主语，也可以作整句的谓语。整句由零句组成，因而复杂多样，灵活多变。整句与零句混合交错，组成了流水句。吕叔湘先生曾指出，"汉语口语里特多流水句，一个小句接一个小句，很多地方可断可连。"这些句式流泻铺排，主谓难分，主从难辨，形散神聚，富有节奏，不仅常见于口语，书面语也不乏其例。

例：After the boats large and small had moored, all lit tiny oil lamps and fixed up mat canopies.Rice was boiled in iron cauldrons over fires in the stern, and once this was cooked the vegetables were fried in another pan of sizzling oil.When the meal was ready, everyone aboard could wolf down three or five bowls.By then it was dark.

译文：河面大小船只泊定后，莫不点了小小的油灯，拉了蓬。各个船上皆在后舱烧了火，用铁鼎罐煮饭，饭焖熟后，又换锅子熬油，哗地把蔬菜倒进热锅里去。一切齐全了，各人蹲在舱板上三碗五碗把腹中填满后，天已夜了。

（三）形合与意合

所谓形合，指的是句中的词语或成分之间用语言形式手段（如关联词）连接起来，表达语法意义和逻辑关系。英语造句主要采用形合法（Hypotaxis）。所谓意合，指的是词语或分句不用语言形式手段连接，句中的语法意义和逻辑关系通过词语或分句的含义表达。汉语造句主要采用意合法（Parataxis）。

1.英语的形合法

英语造句常用各种形式手段连接词、语、分句或从句，注重显性接应，注重句子形式，注重结构完整，注重以形显义。英语句中的连接手段和形式不仅数量大，种类多，而且用得十分频繁。

2.汉语的意合法

汉语造句少用甚至不用形式连接手段，注重隐性连贯，注重逻辑事理顺序，注重功能、意义，注重以神统形。没有英语所常用的那些关系代词、关系副词、连接代词和连接副词；介词数量少，大多从"动词"借来。重意合而不重形合，词语之间的关系常在不言之中，语法意义和逻辑联系常隐含在字里行间。

（四）繁复与简短

从属结构（subordination）是现代英语最重要的特点之一。从句和短语可以充当句子的主要成分和从属成分。从句可以层层环扣，短语往往不短，书面语句子常常显得又烦琐又长（long-winded），有的句子可长达100至200个单词，甚至长至整个大段。现代英语虽然不太常用特长的句子，但包孕式的复合句仍很常见，因而句子仍然具有一定的长度。据统计，专业作者写的句子平均长度为20个词，受过教育的人写的句子平均长度为25个词。总的看来，英语句子比较汉语句子要长得多。

汉语常用散句、松句、紧缩句、省略句、流水句或并列形式的复句，以中、短句居多，最佳长度为7至12字。书面语虽也用长句，即使字数较多结构较复杂，但常用标点把句子切开，与英语相比，还属短句。那些没有标点符号的、一气呵成的类似英语的那种长句，在汉语里是不正常的。汉语句子多数为结构简化，无拖沓盘错之感，"甚至有些西洋人看见了中国作品的译文，觉得简短可爱。"

英语注重形合，句子结构可以借助各种连接手段加以扩展和组合，形成纷繁复杂的长句；汉语注重意合，少用甚至不用连接词语，因而语段结构流散，但语意层次分明。英、汉修辞学都主张长、短句交替和单、复句相间。过分使用长句或短句都会产生单调感。

（五）物称与人称

英语较常用物称表达法，即不用人称来叙述，而让事物以客观的口气呈现出来。汉语则较注重主体思维，这种思维模式以"万物皆备于我"作主导，往往从自我出发来叙述客观事物，或倾向于描述人及其行为或状态，因而常用人称。当人称可以不言而喻时，又常常会隐含人称或省略人称。汉语重人称，英语重物称，这一特点主要表现在如何使用主语和动词这两方面。

（六）被动与主动

被动语态在英语里是一种常见的语法现象。英语有过分使用被动语态的倾向，正式文体尤其如此。英、美语言学者都主张多用主动语态，不要滥用被动语态。英语的结构被动句（syntactic passive）远比意义被动句（notional passive）多。一般来说，绝大多数的及物动词和相当于及物动词的短语都有被动式。意义被动式，即用主动的形式表达被动的意义，在英语里比较少见。

尽管英语的被动意义有时可以不用被动式来表达，但总的说来，英语常用结构被动式，少用意义被动式。与此相反，汉语则常用意义被动式，少用结构被动式。形成这一差异的主要原因是：第一，汉语被动式的使用受到限制；第二，使用受事主语（Receptor subject）导致大量的"当然被动句"；第三，当不需要或不可能说出施事者的时候，汉语可以采用无主句或主语省略句来保持句子的主动形式；第四，当施事者难以指明时，汉语还可以采用通称或泛称如（"人""有人""人们""大家""人家""别人""某人"等）作主语，以保持句子的主动形式；第五，当不便使用被动式时，汉语可采用某些转换式来表达被动意义。

七、抽象与具体

英语的名词化往往导致表达的抽象化。英语的抽象表达法（method of abstract diction）主要见于大量使用抽象名词。这类名词含义概括，指称笼统，覆盖面广，往往有一种"虚""泛""暗""曲""隐"的"魅力"，因而便于用来表达复杂的思想和微妙的情绪。抽象表达法在英语里使用得相当普遍，尤其常用于社会科学论著、官方文章、报刊评论、法律文书、商业信件等文体。这种表达法得以流行，有以下几个主要原因：第一，抽象思维被认为是一种高级思维，是文明人的一种象征；第二，抽象词语意义模糊，便于掩饰作者含混或真实的思想，以迎合某种表达的需要，因而也得以流行；第三，英语有丰富的词义虚化手段，这就大大方便了抽象表达法的使用。

与英语相比，汉语用词倾向于具体，常常以实的形式表达虚的概念，以具体的形象表达抽象的内容。这主要是因为汉语缺乏像英语那样的词缀虚化手段。汉语没有形态变化，形式相同的词，可以是名词，也可以是动词，还可以是形容词或其他词类。名词从形式上很难辨别出"具体"或"抽象"。

汉语往往采用如下的手段来表达英语的抽象词义：

（一）用动词取代抽象名词

英语大量的行为抽象名词（action-nouns）表示行为或动作意义，由这类名词构成的短语往往相当于主谓结构或动宾结构。汉语若用相应的名词表达，往往显得不自然、不通顺。在英汉转换中，汉语可充分利用其动词优势，以动代静，以实代虚。

例：He had surfaced with less visibility in the policy decisions.

译文：在决策过程中，他已经不那么抛头露面了。

（二）用范畴词使抽象概念具体化

范畴词用来表示行为、现象、属性等概念所属的范畴，是汉语常用的特指手段。

例：He spoke with firmness, but his face was very sad and his eyes at times were dim.

译文：他讲话时，态度坚定，但面带愁容，时而眼神黯淡。

（三）用具体的词语阐释抽象的词义

英语抽象词的含义比较笼统、概括、虚泛，在汉语里往往找不到对应的词来表达，这时常常要借助具体的词语来解释其抽象的词义。

例：The stars twinkled in transparent clarity.

译文：星星在清澈的晴空中闪烁。

（四）用形象性词语使抽象意义具体化

汉语虽较缺乏抽象词语，但形象性词语（如比喻、成语、谚语、歇后语等）却相当丰富。汉语常常借助这类生动具体的词语来表达英语抽象笼统的意义。

例：He waited for her arrival with a frenzied agitation.

译文：他等着她来，急得像热锅上的蚂蚁。

八、间接与直接

英语的表达倾向于间接、婉约，而汉语的表达则倾向于直接、明快。这一差异主要见于英语比汉语更多地使用委婉、含蓄和迂回的陈述方式。

（一）委婉（Euphemism）

委婉说法是用一种比较间接的方式来谈论不宜直言的人或事物。使用委婉语常常是为了回避或掩盖某些严酷的社会现实，或为了防止"出语伤人"，避免"有失体统"，以显得文明礼貌。英语和汉语都有委婉语，常见于表达有关不雅、不洁、令人生畏、令人讨厌、羞于启齿等的人或事物。

（二）含蓄（Implicitness）

英、美民族富于幽默，因此他们在表达时，常常不把要说的话直接说出来，而是用某种间接的、含蓄的方式来陈述。汉语也有含蓄表达法，但这种含蓄表达法较常用作为修辞手段。总的说来，汉语比较倾向直截了当，而英语则比较常用克制陈述、间接肯定、委婉否定和婉转暗示的表达方式。

(三) 迂回 (Periphrasis)

迂回是一种转弯抹角的说法，是用较多或较长的词语来表达原来几个简短的词就能说清的意思。

第二节 英汉语言的文化差异

由于居住环境、价值观念、社会习俗、宗教信仰、历史发展等的不同，各民族形成了自己的文化规范，这就是文化差异。这种文化差异必然反映在各自的语言表达上，即同一个意思，在不同的文化背景中有着不同的表达方法，而同样一个表达方法也会传递着截然不同的语言内涵。如果不了解这些文化差异中所传导的语言内涵，就会运用不得体，达不到交际的目的，甚至会引起误会，乃至反感。现谈谈在交际活动中，中英文化的语言差异，以便在日常生活中引起大家的注意。

一、历史文化差异

历史文化指的是由特定的历史发展进程和社会遗产的沉淀所形成的文化。由于各个民族和国家的历史发展不同，因而在其漫长的历史长河中所积淀形成的历史文化也不相同。在两种语言之间进行交际时，会经常遇到由于历史文化差异而出现的交际，理解难题。例如，"东施效颦"这一汉语成语典故，对中国人来说，不难理解其文化内涵，但对于不甚了解中国历史文化的西方人来说，若仅仅理解为"Tung Shih imitates His Shih"，就没有准确、形象地表达和再现原典故的含义。东施是谁？西施又是谁？没有交代清楚。为了让西方读者能了解这一成语的内涵，比较合适的做法是采用加注的方法：Tung Shih imitates His Shih (His Shih was a famous beauty, Tung shih was an ugly who tried to imitate her way)。这样，就会使读者一目了然。

对于有些历史人物和历史典故，可采用类比的理解方法。比如外国客人观看戏剧《梁山伯与祝英台》，做了很多说明也没让外国客人弄懂故事内容。此时，可以跟外国客人说，梁山伯与祝英台就是中国的罗密欧与朱丽叶。通过这一类比，外国客人马上明白了剧情的主题思想。中国历史灿烂悠久，华夏文化源远流长，博大精深，与此相联系，中国的历史成语典故俯拾即是，意蕴浓厚，如：卧薪尝胆、负荆请罪、亡羊补牢、塞翁失马、滥竽充数、朝秦暮楚、毛遂自荐、班门弄斧、名落孙山、三顾茅庐以及"项庄舞剑，意在沛公""司马昭之心，路人皆知""蜀中无大将，廖化作先锋""狗咬吕洞宾，不识好人心"，等等，每一个历史典故和成语都包含有丰富的历史文化信息，都是一个生动的历史故事。因此在交际、理解时，应在弄懂典故含意的基础上。注重文化之间的差异，采取恰当的交流，表达方法。中国文化如此，西方文化亦如此。莎士比亚作品收入辞典的典故熠熠生辉，有些莎士比亚作品的人物和事件本身就成了典故。

中西方文化的形成各有其特点，并且随着时间的推移而不断丰富。熟悉或精通双方的历史发展对英汉翻译有很大的帮助，毕竟，历史是一种文化的积淀。比如：I guessed when he asked for an interview that Smith had an axe to grind. 如果对 to have an axe to grind 这一典故不能正确理解的话，就会导致翻译失败。To have an axe to grind 说的是美国伟大的发明家、政治家 Benjamin-Franklin 小时候的一件事，有人带着斧头来到他家，想利用他父亲的砂轮，然后要富兰克林教他看看砂轮怎么转动。富兰克林欣然答应，把砂轮摇转起来。那人一边磨，一边夸奖小富兰克林，等斧子磨好之后，那人却对小富兰克林手上的疼痛不屑一顾，原来那人夸奖富兰克林是为了磨他的斧头。由此得出 To have to an axe to grind 比喻人说话做事别有用心，另有企图。所以上句正确的翻译应该是：史密斯要求会见，我当时猜想他别有用心。在汉文化中有"破釜沉舟"这个历史典故与其对应。这个典故源于我国战国时代项羽与秦兵交战，过楚河后就把锅打破把船凿沉，表示不打胜仗就不回头。英译时为 to cross the Rubicon。Rubicon 为卢比河（意大利北部的一条河），公元前49年恺撒同罗马执政庞培决战，在渡过卢比河时，立即把船烧毁，表示有进无退决一死战的决心。这样翻译就是将视点放在彼此熟悉的历史或人物上，使人们能够更好地理解"破釜沉舟"这一典故的真正含义。These are the Greek gifts for you. 此句出自著名的史诗《奥德赛》。当希腊人在特洛伊城外留下了一个大木马，祭司 Laocoon 劝说不要接受希腊人留下的东西，他说"I fear the Greek, even when bringing gifts"，只可惜特洛伊人不听其劝告，把木马当成战利品拖进城来。木马里藏着希腊的精锐战士，结果给特洛伊人带来了亡国之灾。因此，Greek gifts 相当于英语中的谚语 When the fox preaches, take care of your geese，同汉语的成语"黄鼠狼给鸡拜年，不安好心"意思相同。又如：Leave no stone unturned. 相传公元447年波斯将军马多尼奥斯在希腊的普拉蒂亚兵败被杀，留下一大批财宝在军帐里。底比斯的波利克拉特斯得知后前去搜寻，但一无所获。德尔斐神喻示他要"翻遍所有的石头"，最后终于找到了财宝。现借此传说告诫人们做事要想尽一切办法，竭尽一切努力，这一典故现常译为"千方百计"。由于两种文化的历史发展背景不同，其文化差异也在词语上有所体现，如英语习语 It is necessary to use a steam ham per to crack nuts 其意是指"不必小题大做"，这和汉语中的词语"杀鸡焉用牛刀"意义相似，这说明在中国处于以农业生产为主的社会时英国人已进入了使用气锤的大机器时代。

二、地域文化差异

地域文化指的是由所处地域、自然条件和地理环境所形成的文化，表现在不同民族对同一种现象或事物采用不同的语言形式来表达。在中国，自古以来便有"南面为主，北面为朝"。南为尊北为卑的传统，人们经常说"从南到北，南来北往。""南"的方位在说法上常常置前。而英语文化却相反，英美人从英语地域文化上来理解英语中的"从南判北"，自然是"from north to south"。诸如"西北""西南""东北""东南"之类的方位词语，英语方位在说法上也和汉语文化相反，分别为"northwest"，"southwest"，"northeast"，"southeast"。在中国人前心目中，"东风"象征春天、温暖，它吹绿了中华大地，使万物复苏，故有"东风报春"之说，所以中国人偏爱东风。而英国的"东风"（east wind）则是从欧洲大陆北部吹来的。象征"寒降"，"令人不愉快"，所以英国人讨厌"东风"。

地域文化方面的差异，使得不同民族在对同一事物的认识上存在着差异。有些事物在一种语言文化里具有丰富的内涵和外延，且能引起美好的联想，而另一种语言文化却平淡无奇，毫无文化意义。这就是文化的个性和差异。比如，在中国传统文化里，耕牛是勤劳的象征，人们常把那些勤勤恳恳、任劳任怨的人比喻为具有老黄牛精神。古往今来我国不少名家皆喜以牛自喻；鲁迅先生曾有"俯首甘为孺子牛"的名句。

三、风俗文化差异

风俗文化指的是贯穿于日常社会生活和交际活动中由民族的风俗习惯形成的文化。不同的民族在招呼、称谓、道谢、恭维、致歉、告别、打电话等方面表现出不同的民族文化规定和习俗。

（一）招呼用语

如中国见面打招呼时常用的几句客套话是：你到哪儿？你要干什么？你吃过饭了吗？这几句话中国文化里并无多深的含意，只不过是无关紧要的、礼节性的打招呼的一种形式。然而西方人对这几句却很敏感和认真。"你去哪儿，你要干什么？"在他们看来纯属自己的私事，别人不能随便打听，除非是亲密的朋友。而"你吃过饭了吗？"则使他们不知所措，对方会以为你想请他（她）吃饭。像这样的见面问候，应视具体情况做相应的文化转换，改为英语惯用语"Hello"，"Good morning!""How are you?"等。各民族的文化作为人类社会发展的一个组成部分，具有共性的东西，但更多的是由于文化差异导致的个性的东西。

西方人在初次见面时，常会赞美对方的外貌、新买的东西，个人财物及出色的工作。最好用一句简单的thank you即可。反之亦可,切忌直译。对英语或汉语的不恰当的直译,很可能会让对方觉得莫名其妙,不知所云,甚至会以为自己的一番好意遭到嘲弄,导致误会。了解这一点,我们才能在涉外交往中尽量避免类似的错误。

(二) 称谓用语

英语中的亲属称谓除了常使用dad,mum,grandpa,grandma,brother,sister,uncle等外,其他的几乎不用,这是因为追求人人平等是西方人的理想。人们一般直呼对方的名字,避免用称谓。而中国深受两三千年封建统治的影响,形成了长幼有序、尊卑有序的血缘关系等级制度,因此,亲属称谓区分得很严格。如英语中uncle一词对应于汉语就有伯父、叔父、姑父、舅父、姨夫。另外汉语中的称呼还有泛用的倾向,常用于非亲属之间。年轻人对长辈称"叔叔""阿姨",对平辈称"大哥""大姐",但英语中的亲属称谓却不广泛地用于社交,对外人要么直呼其名,要么用 Mr.、Mrs.或 Miss.如今,随着中外教育和文化的交流发展,像 teacher Chen, secretary Li这样的错误已很少见。

四、语言文化的差异

随着中西文化的进一步交流,翻译工作发挥着越来越大的作用。但由于有些译者对中西文化差异缺乏了解,在口语翻译和书面语翻译中出现了许多障碍,以至不能完整,清晰地表达原话或原文的含义,甚至造成误解,在实际交流中引起双方的不快。因此,英汉文化差异对翻译的影响已成为翻译研究中的一个热点。研究这个课题首先应该解决这样两个问题,英汉文化有哪些差异和这些差异是如何影响翻译的。目前,国内对此项课题的研究大多集中在某些个体方面,难免以偏概全,只有一些学者能把英汉文化差异分为物质层,制度层,精神层三个方面,并对它们进行具体的解构,但这种研究方式还缺少相应的成果,没有成为主流。而本文将从物质文化差异和精神文化差异两个大的方面,以词汇作为基础来全面分析和探讨英汉文化差异对翻译的影响。词汇是语言的基本要素,是语言大系统存在的基础,文化的差异性给翻译所带来的困难也就集中在对词汇的理解和翻译上,其主要体现在英汉词汇空缺和英汉词义不对等两个方面。

(一) 词汇空缺

词汇空缺指的原语词汇所在的文化信息在译入语中找不到对应的词语。例如,汉语中的"粽子"是中国文化中独有的传统食品,但在西方文化中缺乏相对应的事物,因而在翻译这个与端午节有关的词时,常用音译的方法翻译成Zongzi,并且还要加上适当的注释,which is a rice pudding wrapped up with weed leaves.尽管如此，不了解中国文化的人见到这些"英文"时还是一头雾水。诸如此类的词汇还有"窝窝头""观音""玉兔""青鸟""土地庙""兄""弟""姐""妹"等这些具有独特的中国文化内涵的食品、神话、宗教、称呼等词语也属词汇空缺。同样，在英语中具有文化背景的词语形成汉语中的词汇空缺的现象也大量存在，如bloody Mary，指一种借用英国玛丽女王的绰号的混合酒，成分主要是伏特加掺西红柿汁再兑上一些柠檬汁；Pink Lady，指一种鸡尾酒名，是用杜松子酒和白兰地酒调和而成的；Dutch Uncle，指喋喋不休地批评指责别人的人；Dutch treat，各付各的餐费；Dutch auction，指喊价逐步减低而不是升高的拍卖。

由于两种语言文化中词汇空缺现象的存在，使不可译性问题凸显，影响了英汉互译的效果，那么，在翻译过程中遇到了这样的情况该怎么处理呢？音译加注释和直译加注释是两种最常见的手段。在汉译英方面，"粽子"音译成Zongzi，然后加上适当的注释。"馒头"直译成steam bread，并附上恰当的解说；在英译汉方面，salad可音译成"色拉"（西方人的一种调味品），Lazy Susan直译成懒惰的苏珊（特指一种盛食品的自动转盘，专为顾客自选用的）。

（二）词义不对等

是否"马"一定要翻译成horse，而black必须翻译成"黑色（的）"？不一定，"害群之马"译成英文为a black sheep，而black tea译成中文为"红茶"，这些例子表明英汉语言文化中还存在着词义不对等现象。之所以如此，是因为很多词汇除了一个表面意义还有一个或多个特定语境中的联想意义，试比较He is a professional和She is a professional，对于前者的翻译不会存在异议，若把后者翻译成"她是个专业人士"则有可能有违原文的初衷——She is likely a prostitute。再如，在弥尔顿《失乐园》中出现的Milk Way如果译成"牛奶路"则会被同行人认为缺乏文学修养而受到嘲笑。如果某厂家生产"白象"牌电池欲用white elephant为招牌进行宣传攻势打入美国市场，很可能失败，因为white elephant给美国人一种蠢笨、无用的联想。在西方，summer's day，shepherd，sea，cattle等词的含义已不是"夏日""牧羊人""海洋""牛"等词语所能体现。同时，"风""月""松""兰"，在很多情况下也不能直接翻译成wind，moon，pine，orchid等词。面对这些看似能翻译却很难翻译的词汇，只有在了解双方文化背景的基础上，才能做到有的放矢、取舍得当。

五、精神文化的差异

（一）价值观的差异

人与人之间存在着众多不同，而这种种不同最深刻的原因在于每个人都有着自己的价值观。英汉两个民族的价值观更是决定了英汉两种语言的巨大差异。

1.individualism与"个人主义"的关系

许多翻译学者和众多的权威书籍在处理individualism时，都将其翻译为个人主义，表面上看，这种翻译没有错，实际上，它们所体现的思想差异却很大。在西方，individualism是他们所追求的，这种意识强调人的主观能动性，崇尚依靠个人的能力，而不是寄生于家人、朋友和社会来取得经济上和生活上的独立。这样的人不喜欢依赖他人，也讨厌别人依赖自己，享受高度的自由，正是因为有这样的价值观，西方人才表现出对陌生环境极大的适应性。在中国，"个人主义"是与"集体主义"相对的贬义词，在中国的传统文化强调群体意识、笃信互助和依靠，相信"在家靠父母，出门靠朋友"的道理等文化背景下，"个人主义"是凌驾于一切利益之上，优先考虑和维护自身利益的思想。所以，从价值观方面讲，individualism与"个人主义"是一种词义不对等的英汉互译，在某些情况下甚至还是严重对立的。目前，individualism几乎不可能用一个简洁的汉语词语将其翻译出来，而只能用"个人主义"代替，这也证明了翻译的可译性是有限度的。

2.开放与保守的差异

西方文化是一种海洋文化，富于创新，敢于冒险，敢想敢为，因而西方人快言快语。而东方文化是一种内陆文化，讲究"万事和为贵"，喜欢平静、悠闲的自然生活状态，所以东方人往往话外有话。在开放文化与保守文化的交流与碰撞中，如果不小心，就可能翻译失败，传达错误的信息。例如，当一位西方妻子问她的中国丈夫：How long does your mother stay here？丈夫如果直接翻译给他母亲听"您打算在这里待多久？"相信每一位母亲听到媳妇问这样的问题，一定都会感到痛苦，而又无奈。问题出在哪里？就出在丈夫的翻译上。本来，每一位英语学习者都会如此翻译妻子的话，但细想一下，还是翻译有错误，而且这种错误实在太伤人心。妻子是西方人，她原本想问清楚婆婆的时间安排，好让婆婆在拜访他们的短暂时间内过得更有意义，而去安排一些活动。这种在西方开放文化的环境下的文法是没有任何敌意的。但这位母亲是中国人，在她看来，儿媳妇是在暗示自己在这里不受欢迎，妨碍了他们的正常生活。可以说，妻子和母亲都没有错，只是作为英汉两种文化结合点的丈夫，没有很好把握二者之间的文化冲突，没有将开放的文化通过翻译转化为保守的文化。

3.平等与自谦观念

先看一组对话：

Professor Liang：奥莱特先生，这是鄙人拙著。

LiYan：Mr.All right，this is a clumsy book written by your humble servant.

Mr.All right：no no no，you are not servant；we do not publish books in Chinese.

从上可看出，Professor Liang很谦逊，很有礼貌。而LiYan试图通过一字不漏的翻译，把Professor Liang的友好态度传达给Mr.All right，结果却让对方感到极不自在。在汉文化中，大家都很自谦，用词也就分外讲究，表现出一种"贬己尊人"的观念，所以Professor Liang用的"鄙人""拙著"等词语十分恰当。但在西方文化中，大家应该相互平等对待，因而在称呼上比较随便，也很简单。因而Mr.All right在听到clumsy，humble servant时，便表现出强烈的不适应。仔细分析一下，问题还是出在翻译上。在汉文化中成长起来的Li Yan，明白当人们交流时，为了取得成功，在遣词造句上多赞美对方和贬低自己，她试图把这种自谦的观念传达给对方。但她却忽视了西方文化是一种尊重平等精神的文化，待人接物时不需要那么多烦琐的礼节。这种文化差异经常让翻译者犯难，字面意思好翻译，而其所承载的文化却难以把握，有时甚至难以意识到。

（二）审美取向的差异

1.关于动物的审美取向差异

在我国文化中，"龙"神通广大，威严无比，是吉祥的神物，是尊严的化身，龙的形象成了中华民族的象征。但在英美文化中，龙却被看作是鳄鱼类的凶残动物，象征着邪恶。在现代英语中，dragon指"凶暴之徒"。"望子成龙"因而可翻译为Everyone wants his child to shine.这样就避免了dragon在句中出现。狗在西方人的价值观念中是一种最为人钟爱的动物，是忠诚的伴侣，怜爱无比，养狗不仅是为了打猎，看家，而且常常是为了做伴，有些无儿无女的老人便终日与狗为伴。英语中带"狗"的词语多为褒义，其中有Love me, love my dog（爱屋及乌）；You are a lucky dog（你是一个幸运儿）；White is a gay dog（怀特是个快乐的人）；Jack is a bull dog（杰克是条硬汉）；Every dog has his own day（每个人都有自己的运气）。而狗在中国人眼里却有"仗势欺人""为虎作伥"之嫌，因此在汉语里用狗来比喻人多带有贬义，如："狗咬吕洞宾，不识好人心""狗仗人势""做人鹰犬"等。汉语里"走狗"是用来形容、斥骂敌人和坏人的，而与此貌似对应的"running dog"在英国人眼里则是一条好家犬。汉语"狗咬狗"是形容坏人的贬义词，而英语"dog eat dog"源出谚语"dog does not eat dog"，劝诫人们不要同室操戈或同类相残，话中不乏痛惜之情。若英美人冒出一句wouldn't it be the dogs to be treated like that? 千万不可望文生义，怒火中烧，误解为"待我狗都不如。"正好相反，其意思是"那样款待岂不美哉？"。

此外，有些动物商标在中国文化中是中性或者是带有积极含义的，如："蝙蝠"与"福"相通、"喜鹊"与"喜"相通，所以被认为吉利，但在西方文化中却含有贬义，"白象牌电池""蝙蝠牌电扇"产品在西方滞销就是最好的例子。与此相反，中国人喜欢猫，而且用"馋猫"来比喻贪嘴的人，常含有亲昵成分，而西方人则用猫来比喻"包藏祸心的女人"，如：People all say she is a cat（人们都说她是个心地恶毒的女人），并不是字面意义上的"人们都说她是只猫"；而 a cat on hot bricks 英文原意是形容焦急而狼狈，汉语中的"热锅上的蚂蚁"正好与之对应。

2.关于植物的审美取向差异

中国人传统上崇尚兰花（orchid）和荷花（lotus）。兰花常青、幽香、独秀、素雅，具有坚贞、典雅、高洁的特征，它的香味独特、醇正而幽远，历来被誉为香祖、国香，数千年被文人雅士、骚人墨客所称颂，有大量描写兰花的诗词歌赋、书画墨宝流传于世。荷花出尘不染，清洁无瑕，故而中国人民都以荷花"出淤泥而不染，濯清涟而不妖"的高尚品质作为激励自己洁身自好的座右铭。而英美人一向认为玫瑰最香，百合花最纯洁，于是有 A rose by any other name would smell as sweet（玫瑰无论叫什么名字都是芬芳的）的说法和 as pure as lily（像百合一样纯洁）的成语。若把"气味香得如兰花一样"或"像荷花一样纯洁"翻译成英语，我看英美人是体会不到中国人的那种审美情趣的。

3.关于颜色的审美取向差异

在英汉两种语言中，颜色的所指是完全一样的，但由于理解的差异，使其文化含义完全不同。请看下列一组记号的英汉对比：black tea——红茶，black coffee——浓咖啡（不加糖或牛奶），black eyes——挨打后的黑眼圈，dark eyes——黑眼睛，brown sugar——红糖，blue film——黄色影片，in the black——盈利，in the red——亏损、赤字，white sale——大减价，white lie——善意的谎言，White elephant——贵而无用的东西。中国人对蓝色颇有好感，"蔚蓝的天空""蓝色的大海"能唤起人们无限的遐想，具有这种文化心理的人把西方颇为流行的名曲 love is blue 误译为"爱情是蓝色的"，却不知此处的"蓝色"非但不能激发英美人的憧憬，反而会使人感到"忧郁、沮丧"，因为在英美人的眼中，蓝色是较凉感的颜色，故有哀伤之情。如：He was blue over his dismissal（他因被解雇而难过）、to sing the blue（垂头丧气）、things are looking bluer than ever for them（对他们那帮子人来说，情况越来越糟了）。但是 a blue film 却不指悲伤的电影，而指含有淫秽内容，暗示或描述性行为的电影，译成汉语为"黄色电影"。又如绿色在中国人眼里代表着"春天""新生"和"希望"，而在英美语言中却有缺乏经验（green hand），妒忌（green eyed），有钱能使鬼推磨（green power）之意。

（三）思维方式的差异

不同的民族有各自不同的思维方式、思维特征和思维风格，这就是思维差异。思维差异反映着某一种语言的民族群体千万年来形成的语言倾向，每一种语言都体现着该民族的思维特征，英汉两种语言亦不例外。

1.修辞思维的差异

在众多的修辞手法中，比喻修辞最能代表两种思维方式的差异，首先，喻义相同或相似而喻体各异，例如：英语中的 as stupid as a goose（蠢如"鹅"），而汉语说蠢如"猪"；as dumb as an oyster，汉语说"守口如瓶"（oyster意为"牡蛎"）；a cloud of arrows（箭如幢）；汉语中"心肝"比喻心爱之人，而英语用sweat heart来表示心爱之人。又如，a grain of hope（一线希望），如果直译为"一粒希望"就不符合汉语习惯，喻体不对应。其次，喻体对应，喻义相异或相反，如：like a fish out of water，英文比喻处于危险境地，汉语中偶尔也有"如鱼出水"之说，但像"如鱼得水"，汉语比喻进入最佳环境，与周围的人或事非常融洽。再如flog the dead horse，英语比喻去做徒劳无益的事，汉语中没有鞭打死马的说法，只有"快马加鞭"（to double the effort）。然后是，喻体和喻义完全不对应，例如：one in a blue moon（千载难逢），a pound of flesh（比喻合法但极不合理的要求），the last straw（无法忍受的最后一击），smell a rat（感到其中有诈），carry the house（博得满堂彩），Gray hair should be respected（应当尊敬老人），bury one's head in the sand（以闭目不见来躲避危险），朝三暮四（to blow hot and cold），不做亏心事，不怕鬼叫门（A good conscience is a soft pillow），鸦雀无声（as quiet as a rat）等等。

2.英语民族严格区分主体和客体，注重客观事物对人的作用和影响

在语言上，表现为英语多用无生命的名词做主语，主动和被动两个范畴始终泾渭分明。汉语民族主客体相互融合，以"人"为中心，认为只有人才能做出有意识的动作或行为。在语言表现上，汉语常以有生命的名词做主语，句子的语态呈隐含式。这样一句：American education owes a great debt to Tomas·Jefferson.这句话用汉语表达则为"托马斯·杰弗逊为美国教育事业做出了巨大贡献"。

3.实证思维与意象思维

同一具体的事物，在英汉文化中的内涵可能不同，同一抽象的道理，在英汉文化中的具体事物表现也可能不同。例如汉语用"趁热打铁"来形容抓住有利时间，而英语中却用make hay while the sun shine（晒草要趁太阳好）；汉语用"费了九牛二虎之力"来形容想方设法，尽其所能去谋取或得到某件东西，英语则用to move heaven and earth to do something（移动天地）来对应。汉语形容一个人很瘦，会说"骨瘦如柴"，但英译却为 as lean as a rake（骨瘦如耙）；汉语中的"夺别人的饭碗"，英译则为 to take people's bread out of his mouth（把面包从他人嘴里抢走）；汉语用"挂羊头，卖狗肉"来形容一个人说的与做的不一致，在英语中为 to cry up wine and sell vinegar（叫嚷酒，却卖醋）。

4.抽象思维和形象思维

英语民族重抽象思维，擅长用抽象的概念表达具体的事物，而汉民族则重形象思维，习惯于运用形象的手法表达抽象的概念。两种思维形式的不同在语言上表现为：英语常用大量的抽象名词表达复杂的理性概念。如 The absence of intelligence is an indication of satisfactory developments（No news is good news.）句中的 absence，intelligence，development 都是抽象名词，这种表达给人一种"虚""泛""暗""曲""隐"的感觉。而汉语则惯于用具体、形象的词语表达虚的概念，如"画饼充饥"（借空想安慰自己）中的"饼"，这种表达给人一种"实""直""显""形""像"的感觉。

5.直线思维和曲线思维

英语民族注重直线思维，在表达思想时，直截了当，要点放在句首，再补进各种标志。而汉民族重曲线思维，习惯于从侧面说明、阐述外围的环境，最后点出中心。在语言表达上表现为英语句式结构多为重心在前，头短尾长。如英语讲 I met with my middle school classmate at the entrance of the theatre at 7：30 yesterday evening, whom I hadn't seen for years。而汉语句式结构重心多半在后，头大尾小。同样这个意思，汉语则说"昨晚7点半在剧场门口，我碰到了多年未见面的中学同学"。

6.逻辑思维的差异

如 Nobody could be too foolish this day. 这句话如果直译为："今天谁也不会太愚蠢"，那就大错特错了。因为英语中的双重否定结构，体现为一种逆向思维的方式，其正确译文应该是：今天，无论你怎样出洋相，都不算过分。

第三节 英汉语言的对比翻译导论

自20世纪50年代以来，都受快速发展的语言学影响，西方翻译学界兴起了以语言学为导向的翻译研究方法，奈达的对等翻译理论、对"翻译转移"的研究都强调对原文与译文的关系进行科学、精密和细致的描写。奈达翻译对等理论与卡特福德翻译转移理论是在改革开放初期几乎同时引进中国的。但两者在中国的遭遇却很不一样。"形式对应"是指一个目标语的范畴"在目标语的'机体'里尽可能具有与该源语言范畴在源语言中的'相同'的地位"。当形式对应成为不可能时，卡特福德建议力争文本等值，这可以通过翻译中的转移实现。他们的研究对象为翻译转移在文学翻译作品中的体现，以及这些转移对译文美学和文体风格的影响。文学翻译是一种再现和创造性质的工作，目的是使译文达到与原文对等的美学效果。文本中常出现的非必要转移主要有两种：一是用目标语中短语来代替源语言中的词素。这种做法相当于把原文的信息在译文中重新分布，根据语境的不同，它可能造成"冗余"或"信息加强"的效果；二是译文中常有"文体提升"现象，即：较原文而言，译文文本无论在语言还是在风格上都趋于比原文典雅、庄重。从英汉语言对比的角度来进行英汉翻译是十分必要的。本文从词汇对比、句子结构对比、文章段落对比等方面对英汉语言进行了对比性分析。英汉语言对比与翻译之间的关系是十分密切的。我们要善于进行英汉语言的对比，以便于更好地进行翻译工作。

一、英汉构词法对比

语言是随着人类社会的不断发展而发展的。一些旧词的过时意味着需要人们创造出一些新的词，而新的词的产生，大抵服从语法的法则，有其规律可循。语言的这种"弃旧创新"不断完善和发展的过程体现出一种规律——构词法。换句话说，在语言发展的早期，人们是用简洁的词汇表达生活中简单的事物和概念，在语言学中被叫作原始词汇。但是随着社会的发展，原始词汇不能满足人们的表达，所以人们开始基于一定的规则来创造新的词，这种方法在语言学中就叫作构词法。无论是汉语还是英语当中的词，都是语音、意义和语法特点二者统一结合的整体；是语言当中能够独立运用的最小单位。它们新的词汇的生成大都遵循着这种规律。作为世界上使用人数最多的两种语言，英汉语在构词法上有许多相似点也有各自比较独特的地方。我们通常认为两种语言中的构词法有：缀合法，转化法，合成法，缩略法。

（一）缀合法

缀合法指的是由字根或者字加字缀，即前缀或者后缀构成新词的方法。在英语所有的构词法中，缀合法是构词能力最强的一种。英语的缀合法主要是针对派生词缀而言，其功能主要是限定词根的意思，或确定词根的方向，与词的表意有重要的联系。

1.前缀＋词根

前缀通常只改变词义，不改变词性。

（1）表示否定的前缀

①dis-加在名词、形容词，动词之前。例如：disadvantage（缺点）dishonorable（不光彩的）disagree（不同意）；②in-加在形容词，名词之前。例如：incorrect（不正确的），inability（无能，无力），inaccurate（不准确的）；③im-加在字母m，b，p之前。例如：impossible（不顺能的），impolite（不礼貌的），impudence（厚颜无耻）；④il-加在以i开头的词前。例如：illegal（非法的），illiterate（文盲的，无文化的），illogical（不合逻辑的）；⑤ir-加在以r开头的词前。例如：

irregular（不稳定的），irresistable（不可抵抗的），irresolvable（不能分解的，不能解决的）；⑥un-加在名词，形容词，副词之前。例如：unfinished（未完成的），undoubted（无疑的），unemployment（失业）。

（2）表示其他意义的前缀

①re-表示"再；又；重"，re-多重读，构成双重读词。例如：rewrite 重写；②a-表示"的"，多构成表语形容词。例如：alone 单独的，alike 相像的；③tele-表示"远程的"。例如：telephone 电话，television 电视；④en-表示"使"，构成动词。例如：enlarge 扩大，enable 使能够；⑤inter-表示"关系"。例如：Internet 因特网，international 国际的。

2.词根 + 后缀

后缀通常改变词性，构成意思相近的其他词性的词；少数后缀同时会改变词义。

（1）形容词性后缀

①-al 例如：nation→national 民族的，国家的；nature→natural 自然的；②-able 表示"有能力的"。例如：eat→eatable 能吃的；③-an/ian 表示"国家的"。例如：America→American 美国（人）的；④-ern 表示"方向的"。例如：east→eastern 东方的，south→southern 南方的；⑤-ful 例如：beauty→beautiful 美丽的，care→careful 小心的；⑥-less 表示否定。例如：care→careless 粗心的，use→useless 无用的。

（2）动词后缀

①-fy 例如：beauty→beautify 美化；②-en 例如：wide→widen 加宽，sharp→sharpen 削，loose→loosen 使松散。

（3）副词后缀

①-ly 例如：bad→badly 坏的，easy→easily 容易地；②-ward 表示"方向"。例如：backward 向后，eastward 向东。

（4）名词后缀

①-ment 例如：agree→agreement 协议，move→movement 运动；②-ness 例如：happy→happiness 幸福，busy→business 事务。

（5）数词后缀

①-teen 构成"十几"。例：five—fifteen 十五；②-ty 构成"几十"。例：nine→ninety 九十，five→fifty 五十。

与英语相比，汉语的字缀少字根多且是带独立意义的字。汉语的前缀意义，主要是改变词性，表示语法意义，其功能相当于英语的后缀，这是两种语言的区别。但前缀意义有程度的不同。有的词缀毫无意义，纯粹是为了构词。在汉语里，最简单的派生词就是一个词缀缀在一个作为词根语素的字上所构成的双字派生词，如"阿姨""桌子"。从词缀与词根的结合情况来看，其形式为"词缀+词根"类型。

（二）转化法

转化法是指在基本词形不变的情况下，不添加任何成分（词缀），由一种词类转化为另一种词类的构词方法。英语中，以其名词的转化形式为例，英语名词有6种词类转化功能，它可转化为形容词、副词、动词、介词、连词以及感叹词，其中以动词、形容词最为普遍。

名词→动词：Smoke out the snake.把蛇熏出来。

动词→名词：I think your house was a very good buy.我认为你的房子是个很好的买卖。

形容词→动词：She wet her shoes.她弄湿了鞋子。

名词→连词：while作为名词其表示"一会儿"，转换成连词就表示"当……的时候，虽然"。While respected, he is not liked; 他虽然受人尊敬，但是不被人喜欢。然而在汉语中，这种此类的转化不像英语中这么严格，词类的分工不够明确，相比起来，汉语更为的灵活和自由，这是汉语造句功能强的原因之一。

（三）合成法

合成法所形成的词汇是复合词。复合词是指那些由一个以上的词汇语素构成的词，或者由两个独立的词连接起来构成的新词。英语复合词根据在句中的成分可以分为复合名词、复合动词、复合形容词、复合介词。

1.复合名词

名词+名词：news+paper→newspaper（报纸），class+room→classroom（教室）

形容词+名词：black+board→blackboard（黑板），fast+food→fastfood（快餐）

动词+名词：play+boy→playboy（花花公子）

2.复合动词

副词+动词：back+street→backstreet（小街），under+line→underline（下划线）

名词+动词：tooth+ache→toothache（牙痛），hair+cut→haircut（理发）

本文以现代语言学理论为指导，通过对比分析的方法，对英汉构词进行了系统的探讨和对比研究，重点对英汉两种语言的共通构词法，缀合法、合成法、转化法和缩合法进行比对。我们可以看出尽管两者属于不同的书写体系，一种是图形文字一种是字母；一种是词尾变化的而另一种不是，它们仍然在构词法上存在相似之处。派生法是英语的主要构词法，它通过在词根上添加前缀和后缀而起到构词作用，英语以形合为主；而合成法是汉语的主要构词法，不同的语素其自身的意义通过一定的方式组合在一起，来传达出新词的含义，汉语仍以意合为主。即两种语言最大的区别既是英语注重形合，汉语注重意合。对于两种语言构词法的比对和规律的掌握，能够帮助我们更好地掌握第二外语—英语的学习方法。

二、英汉词汇语义对比

词汇学是一门独立、实用、交叉的学科，汉英词汇的差异主要体现在形态学和语义学的对比之中，两者又以语义学的对比差异显得更为突出。词是语言中能够独立运用的最小语言单位，具有一定的形式，并表达一定的意义。中西语言在不同的领域由于不同的文化和背景产生不同的词汇对比差异。

汉英词汇总体对比英汉词汇语义对比主要有以下几种情况。

（一）英汉词汇语义相符

就像《英汉翻译的理论与方法》中说到"英汉词汇语义完全对应人类对客观世界的感觉、认知和人类的思维结构也大致相同，不同社会、不同文化之间也必然有相似之处，不同语言之间必然存在着语义相符关系，即它们的意义在上下文中都完全相符，所指意义也完全一样，不会引起歧义。"这主要包括一些专有名词术语和日常生活中的一些事物名称。例：Asia 亚洲；hydrogen 氢；table 桌子；moon 月亮；vegetable 蔬菜；hovercraft 气垫船；The U.S.State Department 美国国务院；computational linguistics 计算语言学，这类词汇在语义是完全对应的，一般不会给理解和翻译带来困难。

（二）英汉词汇语义假对应

《外语与外语教学》中说"英汉语言中的一些词或词组从形式上看，它们相同或相像，但具体的含义并不相同，即表面上似乎指同一个事物或概念，其实指的是两回事"这种情况被称为假对应。

第一，如有些懂点英语的中国人在介绍自己的爱人时喜欢用 lover 一词，这使得英国人很吃惊，因为 lover 的含义是情夫或情妇，而汉语中的爱人指的是丈夫（husband）或妻子（wife）。

第二，如 rest room 并不是汉语中的休息室。在美国英语中，rest room 是剧院、大商店或大建筑物中的一间房子，里面设有厕所、盥洗设备等，供顾客、雇员等使用，这是厕所的委婉说法。汉语中的休息室应译为英语中的 lounge 或 lobby。

第三，另如 Labour Day 在我国指"五·一"国际劳动节，而在美国和加拿大等国指九月的第一个星期一的劳动节。

第四，Drug Store并不是汉语中的药店，而是小杂货店。

（三）英汉词汇语义部分对应

英汉词汇语义大部分属于部分对应，这种对应仅谈以下两种情况：

1.汉语词汇语义大于英语词汇语义

即汉语中的一个概念相当于英语中的两个或更多概念。例如：A、汉语中"风"指任何室内或室外的部分；而英语中wind指自然风、室外风；室内风有专词draught；B、汉语中汽车可指小汽车、公共汽车、卡车、面包车、出租车等。但英语automobile（汽车）只指motorcar（小汽车），其余各类车辆需要分别由bus，truck，minibus及taxi等表示；C、汉语中"地毯"一词可指代英语中的carpet（覆盖整个室内地面）或rug（只覆盖部分地面）；D、汉语中"国会"一词相当于英语中的Parliament（英国国会），Congress（美国国会）、Diet（日本国会）。又如：速度speed无方向性，普通用语；velocity有方向性，多用于科技，主人master主仆关系；host宾主关系；owner所有者，借borrow借入；lend借出，穿衣wear强调状态；put on强调动作。在这种情况下，翻译时要格外注意，要明确原文词汇的语义，才能给出正确译文。

2.汉语词汇语义小于英语词汇语义

与上述情况相反，有时英语中一个词的语义比汉语词汇的语义宽得多。例：Linda's brother married John's sister.这句话就很难译成汉语，因为不知道brother是Linda的哥哥还是弟弟，sister是John姐姐还是妹妹。在英语中，称呼比较笼统，而汉语中，分类则详细具体，运用了许多称呼来指各种具体的关系。如：marriage：娶，嫁；gun：枪，炮；morning：早晨，上午。

（四）英汉词汇语义的空缺对应

《对比语言学概论》中提到"由于各国的历史、经济、文化、风俗等情况各不相同，每个民族都有一些特有的事物，而在语言中反映这些事物的词在另一种语言中就没有相应的对应"。这类词汇都带有本民族的民族印迹。如汉语中有个谚语"夏练三伏，冬练三九"。

"三伏"和"三九"在英语中就没有对应语，这种情况一般需要填补这种空缺，即把意义表示出来：In summer keep exercising during the hottest days, in winter do the same thing during the coldest weather.如Vitamin是英国传入中国的，开始在汉语中表示为"维他命"后又根据意义表示为"维生素"。遇到这类情况下可以采取以下方法处理：

释义：例如英语中brunch就可解释为早餐和午餐并作一顿的餐，晚早餐，早中饭。

综合：一种注释法表达不清楚时，可以采用两种或两种以办法。例如：汉语中的磕头：kowtow, tokneel, touching the ground with the forehead as a token of homage or deep respect among the Chinese.

除此之外，构成形态上看，汉语每个词只由一语素构成，是由几个代表不同意思的字构成的词，而英语则是由单纯的字母构成一个词，每个词还可以通过词形的变化来表示意义或语法功能的变化；词义上看，英语的词义比汉语更具灵活性，并对文章具有依赖性。比如uncle一词就可以指伯伯、叔叔、舅舅、表叔、姑父、姨夫。在翻译中就必须根据文草上下来进行选择。Words do not have meanings; people have meanings for word.（词本无义，义随人生。）这正说明了英语词汇的特征；英语词汇的一词多义不仅有多个意思，还表现在词类。一个词常常既能做动词又能做名词。而汉语往往不行。就像play做动词是玩、扮演，做名词是比赛，游戏；fire动词是射击、点燃，名词则是火、热情。

三、汉英词汇意义对比

由于受各自不同的自然环境、社会制度等因素的影响，不同民族不但会有独特的词汇，即便对于表达相同或者相似概念的事物也会有各自不同的意义。而且，内部涵盖意义的开放性、不稳定性会随着社会的发展、人们对客观事物认识的深化以及语言使用的经济化趋势，导致新旧词义并存，从而产生多义。这种想象给语言学习者的学习和跨语言的交流带来了很多的不便，加大学习者对词义掌握的难度。而且本身受母语负迁移的影响，学习者很容易望文生义，而忽略了其内涵意义上的区别，但是，词的内涵意义在英语学习和实际交流中起到最关键性的作用，所以了解和认知汉英词汇的意义十分必要。

词汇的内涵意义指某一个词组的意义的一个方面，这种意义是词在说者、听者的脑海中所形成的感情和想法的基础上产生的，或者说是超出纯概念意义的那部分意义，是相对于概念意义而言，包含各种比喻或引申义。Leech说，"内涵意义"是附加在"概念意义"上的意义，显示人们对词汇所指内容的情感和态度。社会、阶级、阶层、集团或者个人都可以给一个词附加上内涵意义。有的词汇在两种语言里褒贬不一。如pig-headed（猪脑的），在汉语中是贬义词，表示愚笨的意思，而在英美文化中，猪被看作是很聪明的动物。词汇的意义主要区分为以下三种情况。

（一）概念意义相同，内涵意义近似

《浅谈英语和汉语的对比研究》中提到"虽然内涵意义带有很强的民族性，但

由于人类认识的普遍性，对一些客观事物的本性和特征的认知是一致的，因而对这类事物所赋予的情感和态度也是相同"。因此，这类词汇不但概念意义相同，连内涵意义也相似。例如，"像狐狸一样狡猾"，英语是 as cunning as a fox；"狼子野心"，英语是 as greedy as a wolf。

（二）概念意义相同，内涵意义不同

内涵意义的民族特性，体现了不同民族对同一概念意义词汇所赋予的不同情感和态度，就是我们所说的不同的内涵。这种概念意义相同、内涵意义不同在我们实际的应用和学习中也会起到一定的障碍。无论是英语还是汉语都有着自己独特的丰富的色彩，而且人们在对其色彩的表达中也赋予其太多自身的情怀，比如：中国人喜欢红色，人们过年的时候贴红色的福字，结婚的时候穿红色的衣服，红色象征着喜庆、兴旺、成功等，而在英语，往往象征着粗俗、暴力、疾病等带有贬义。如：go into ink（亏空）、red-handed（流血的、暴动的）、red-neck（南部农民、乡巴佬）等。

（三）概念意义相同，内涵意义空缺

由于受文化、风俗的影响，各民族赋予一些事物以特殊的意义与情感。这些意义和情感通常只适用于本民族。这种现象就形成了词汇文化含义上的空缺。如：beaver（海狸），英语有勤奋、卖力的意思。英语的 eager beaver 就是指为了讨好上司而卖力的人，中国因为受到地域的影响，并没有这种动物，所以，汉语对于这个词没有赋予什么内涵意义。

（四）词义无关，内涵一致

这种现场指在韩语和英语中，学习者都能找到某种表达方式，可这种表达方式和两种语言中的意象毫无关联。如"天涯何处无芳草"翻译成英语是 there is other grass in the world，而地道准确的英语标语应该是 there are lots of fish in the sea。两种表达方式就字面意思来说毫无关联，可内涵意义却一致。

第七章　英语翻译教学的新模式

随着人类文明日臻完美、社会经济日益发达和科学技术日新月异，全世界各国、各民族的经济一体化趋势正在迅猛发展，而世界范围的文化全球化也开始初露端倪。在这样的大背景下，作为全世界的通用语言，英语翻译开始在全球范围内盛行起来，英语翻译教学也随之迅速发展起来，本章将对其进行简单介绍。

第一节　中国英语翻译教学现状

翻译作为一种具体实用的教学手段，被适度而合理地运用于外语教学实践中。随着中国与国际交流更加频繁，综合素质高、专业精通、外语扎实、具备较强翻译能力的实用复合型翻译人才日益受到用人单位的青睐。显然，只靠规模有限的英语专业来培养翻译人才，是无法满足这种需求的，况且英语专业学生的理工科知识极其缺乏，有时根本无法胜任科技英语的翻译工作。事实上，目前不少从事翻译工作的都是非英语专业的人员，他们具备较丰富的专业知识，通过实践的磨炼，翻译能力得到极大的提高，完全能胜任工作。这昭示着非英语专业学生是可以成功转型为翻译人才的。然而，转型给大学英语教学改革带来了前所未有的巨大挑战。传统的大学英语翻译教学只是教学翻译，并存在着诸多问题，不利于学生翻译能力的培养，更不利于学生的成功转型。

当前，我国大学英语教学正在进行新一轮的改革。为了适应高等教育新的发展形势，深化教学改革，提高教学质量，满足新时期国家和社会对人才培养的需要，教育部已颁发了《大学英语课程教学要求（试行）》（以下简称《课程要求》），作为高校组织非英语专业本科生英语教学的主要依据。《课程要求》明确指出："大学英语的教学目标是培养学生英语综合应用能力，特别是听说能力，使他们在今后工作和社会交往中能用英语有效地进行口头和书面的信息交流，同时增强其自主学习能力、提高综合文化素养，以适应我国经济发展和国际交流的需要。"英语综合应用能力包括听、说、读、写、译五个方面，翻译是有效进行口头和书面信息交流的重要技能。因此，翻译教学是大学英语教学的重要组成部分。

一、翻译课堂教学现状

目前，一部分翻译课教学以课堂为主，以书本为中心，教学模式相对单一。教师对语法知识传授投入了较多的精力，但由于课时所限，难免顾此失彼，在翻译技能培训方面不够重视。学生往往追求正确答案而不求甚解，没有积极思维意识。这往往影响学习效果，无法更上一层楼。此外，调查发现，我国的大专院校学生对英语的词汇、语法的学习大都比较关注，常常将大部分时间都花在词汇、语法等语言点上，而这不利于应用能力的培养与提高。

二、翻译教学理论和实践的关系现状

南京大学外国语学院博士生导师柯平教授认为，能够帮助学生对翻译的原则形成较为健全的意识，并能使其自觉地将所学到的翻译知识运用于自己的翻译实践，是翻译教学最重要的目标之一。而这种健全的翻译原则意识很明显地只能建立在某种健全的理论基础之上，所以任何一种严谨的翻译教学都要以中肯且切要的理论作为指导。和其他课程相比，翻译课的实践性较强。因此，翻译教学不能只局限在教师讲解或学生练习的单项活动的层面上，而应是教师讲解理论知识，学生实践练习的一种较广泛的教学行为。作为一名初学者，他所学习的理论知识一般只涉及翻译操作的一些基本知识和技巧，所以他们的每节课教师讲解的内容都没有其他课程那么多，这也就使得有时候教师会感觉到初级翻译课程没什么可讲的，他们会将大部分时间留给学生去进行英语翻译练习。而相对于这门课来说，翻译练习确实需要占用很多的时间。所以如何组织学生进行翻译练习，如何调动学生练习的积极性，如何激发他们的兴趣和合作精神，如何让他们主动而不是被动地参与练习，是翻译教师们需要摸索和探讨的问题。学生接受事物的能力存在一定的差异，因此选择翻译材料的难易等问题都会影响到教师的课堂组织与管理。而在学生进行翻译实践的过程中，他们基本没有或很少将理论运用于实践中。因此，如何选择翻译材料就成为教师必须考虑的一个问题，如果翻译材料较为简单，就不易引起学生足够的重视；如果翻译材料太难，又会让学生失去翻译的兴趣，有时甚至会导致学生放弃翻译。

可见，英语翻译教学中诸如此类的因素常常会直接或间接地造成教师的理论讲解和学生的实践练习结合不起来，或者使学生在实践中不能将已学的理论知识和实践结合起来，使得理论与实践相脱节。

三、教学与测试的关系现状

当前，由于缺乏统一的英语翻译教学的教材和教学大纲，各学校在教学安排上也具有较强的随意性，这也就造成了英语翻译教学重点不突出，翻译能力测试评估不规范，翻译教学内容覆盖面较窄，翻译测试目的不明确，缺乏较为统一、客观、科学的评价体系的结果，且在测试中常常不会涉及学生翻译的技能测试，也就导致学生认为考试不考，所以也不会学习，最终无法巩固所学知识的现象，即翻译教学和测试不同步。此外，从大学英语四、六级考试上来看，英语翻译考试只占到了四、六级整体考试分数的5%，而听力及阅读理解占的比重很大，这也就导致学生对翻译学习的倦怠，甚至完全没有把翻译能力重视起来。

四、教学内容现状

随着科学技术的快速发展和社会的不断进步，今天已经处于一个经济、文化多元化发展的新时代，人们的思想意识和观念也随之产生了变化，这种大氛围的改变使得学生的思想、个性也从根本上发生了深刻的改变，从而需要更丰富、更新鲜的教学内容来刺激他们的神经，激活他们的学习动力。但是，在今天，大部分院校的英语翻译教学内容仍旧大量沿袭和采用传统的教材，这些传统教材的专业性一般都较强，且比较偏重于理论，也不能反映现代社会的社会现实。同时，能够反映时代信息的科技、外贸、影视、媒介、法律、军事等题材的教材很少。这种情况下，学生不仅无法掌握更多的相关专业知识和专业术语，传统教材也给学生的翻译学习和实践造成很大的困难。

此外，有的学校给所有专业的学生配备了同一本翻译教材，而专业不同的学生对英语翻译的需求也是不同的，因此这种情况不仅不能满足各个专业的教学需求，而且会导致学生学不到和自己专业相关的语言知识，更不用说学到更多的翻译技巧了，同时学生的学习兴趣就会大减，学习的积极主动性也受到很大的打击。可见，在现代社会环境下，英语翻译教材的内容是否新鲜和全面都会在很大程度上影响学生的英语翻译学习，以及英语翻译能力的培养和提高，因此，使英语翻译教学内容与时代同步已经成为发展英语翻译教学刻不容缓的重要举措。

五、教学模式现状

纵观近几十年来的大学英语教学，翻译一直未受到足够重视。受考试的影响，在听、说、读、写、译五项技能中，翻译一直摆在最次要位置。教师只重视与CET-4和CET-6考试有关的英语听力与阅读的学习与训练，对"译"的处理则完全局限于课后的翻译练习，而课后的翻译练习是用来检查和巩固学生对课文的语言知识的理解，至于翻译习题的讲解则仅仅是对照标准答案，既不系统地讲翻译技巧，也不提任何翻译理论；更何况这种练习一般都只是以词和句子翻译的形式出现。句子的翻译如果离开了语境将什么也不是，而一个词在新的语境当中将会是一个崭新的词汇，会呈现一个新的含义。根据德利尔的观点，这种教学方式为"教学翻译"而不是"翻译教学"，或有的教师虽然讲解了一些单句的翻译技巧，但并不系统化，结果造成了学生在课堂单句翻译时，尚能将理论与实践对应，而一旦进入课外的真实语篇翻译，就发现方法、技巧似乎一条也用不上，有时是该用的地方根本想不到要用，有时是张冠李戴，不该用的地方胡乱套用，从而导致了学生学习兴趣的下降。陈旧的教学模式严重阻碍了学生翻译能力的发展和提高。

目前大学英语教学中涉及翻译方面的翻译教学，除课文的英译汉外，主要是指导学生做汉译英练习。通常的做法是：先布置学生做练习；然后批改练习，力求将学生作业中的错误全部挑出，并逐一改正，唯恐落下"误人子弟"的口舌；最后讲评练习，仍以改错为主，针对普遍性的典型错误一一评析。这种教法不仅费时费力，而且效果不好。教学法仍是教师的"一言堂"，不符合"以学生为中心"的现代教育理念，课堂气氛沉闷，教学效果不好。因此，在翻译教学中，应该强调"以学生为中心"的现代教育理念，注重对学生学习过程的研究，改进翻译教学方法。以讲评翻译练习为例，就应一改过去教师包办和"一言堂"的做法，发动学生同桌互改，或小组讨论集体修改，或针对某一学生的作业，由全班同学讨论修改。这样的教学方法，可以开拓学生思路，培养他们主动学习、自己发现问题并解决问题的能力，还能活跃课堂气氛，改善教学效果。

六、学生个人翻译素质现状

（一）学生个体素质的差异性对翻译教学的影响现状

大学英语是一门公共必修课，它针对的是非英语专业的大学本专科学生，学生的个体存在较大差异，他们的总体英语水平也不尽相同，因而会对英语翻译教学有不同层次的要求。而学生的个人英语水平也直接影响翻译教学的效果，这并不是说学生英语水平高，翻译质量就高，而是说假如该学生有较好的词汇功底，并能在听力、阅读、书面表达等其他方面都能有较高水平的表现，那么他的翻译教学效果就应该会比较好；假如某学生的英语水平较低，他想要达到预期的翻译教学效果也会比较困难。

（二）学生的英语功底现状

1.学生英语功底不扎实

近年来，我国高校不断扩招，从某种意义上讲，如今的学生的平均综合能力水平不如以往。学生英语基本功不扎实，不仅会直接影响到翻译课程教学，也给教师的翻译课程教学带来一定的困难。《大学英语课程教学基本要求（试行）》（以下简称《要求》）中对大学生的英语翻译能力提出了广泛的要求。《要求》提出，高校大学生应能借助词典对题材熟悉的文章进行英汉互译，英译汉的速度应最慢为每小时300个英语单词，汉译英的速度应最慢为每小时250个汉字。大学生翻译的译文应基本流畅，并可以在进行英语翻译时使用一定的翻译技巧。根据目前的调查发现，虽然我国对大学生的翻译能力提出了具体要求，但是这一要求对今天已经学完大学英语教材的学生来说还是有一定难度的。在大学英语翻译教学的实践活动中，常常可以看到这样的现象：一方面，学生能够明白某篇英语文章，以及文章中的某些段落和句子的意思，要他们做阅读理解或选择填空这种客观性较强的练习时他们可以很好地完成，但是如果要他们用母语（汉语）将这些英语文章或段落、句子准确地翻译出来，就比较困难了。大多数学生在进行英语翻译时，常常会拘泥于原文句子的结构和词序而对其进行直译。另一方面，如果需要将汉语翻译成英语，这对学生们来说困难就更大了。而学生的英语翻译水平在很大程度上影响了他们对语言的学习及其他能力的培养，也在根本上制约了学生英语翻译水平的提高。

翻译能力是语言综合运用能力之一。然而，从被公认为可以衡量英语学习者水平的一些大型标准化语言测试可以看出，学生的翻译能力有待提高。

首先，部分学生不能正确选择词义或者根据上下文引申词义，从而造成译文理解上的障碍，甚至闹出笑话。

例1：The aim of this course is to develop the students'reading skills.

译文：这门课的目的是发展学生的阅读技巧。

例2：They have developed an interest in gardening.

译文：他们对园艺发展了兴趣。

例1、例2的译文不太精确，但意思还能理解。develop在一般情况下译为"发展、开发"，除此之外，还具有许多其他意义。例1中的develop可解释为"培养"，翻译成"这门课的目的是培养学生的阅读技巧"比原译文更好。例2中的develop应解释为"产生"，正确的译法是：他们对园艺产生了兴趣。由此可见，学生在确定词义时，必须根据该词在行文中的搭配、组合关系来判断。英语单词的词义比较灵活，同一个词、同一词类，在不同场合往往会有不同含义，必须根据上下文的联系、逻辑关系或句型来判断和确定某个词在特定场合下应具有的词义，甚至还要将词义加以引申。如果脱离上下文，孤立地译一个词，就很难确切表达句子的深层意义。

其次，学生汉语译文的词序或句序，拘泥于英语原文的词序，在英汉表达习惯不同的情况下，常出现一些牵强、别扭的译文。

例3：It is simple that different people do the same things in different ways.

译文：只不过是不同的人做同样的事以不同的方法。

例3译文的词序显然不符合汉语表达习惯。英语中短语状语可放在被修饰动词之前或之后，而译成汉语时，大多数放在被修饰动词之前，当然也有放在后面的，应灵活翻译。这句应译为：只不过不同的人用不同的方式做同样的事情而已。总之，由于英语和汉语表达习惯不同，在不少情况下，译文必须改变词序或句序。这一问题应当引起广大学生的重视。

学生通常不善于根据汉语译文的需要而改变词量，添加词或减少词也是在译文过程中常见的错误。英语原文中有几个词，其译文就有几个词，这种译文常出现错误甚至过于累赘。

例4：Matter can be changed into energy, and energy into matter.

译文：物质可转化为能量，能量进入物质。

例4这句译文，让人看了莫名其妙。英语中常因惯用法或上下文关系，省去不影响理解全句意义的词语。但汉语译文中必须增译这些省去的词语，否则译文就不够清楚。此句英文的后半句省去了动词change，在翻译成中文时要添上。正确译法是：物质可转化为能量，能量也可转化为物质。

再次，模式固定。英语中被动语态使用较广，学生翻译这种句型时经常译成"……被……"，使译文生硬。

例5：It is considered of no use learning a theory, without practice.

译文：脱离实践学理论被认为毫无用处。

这样翻译虽然并没错，但很牵强。由于汉语中被动句的适用范围很狭窄，所以在翻译被动句时，除一些可以保持被动态外，很多情况下可译成主动句。这句话可译为：人们认为脱离实践学理论毫无用处。

最后，英语中经常会出现很长的句子，学生在译这些长句时，往往不善于将长句中的前置词短语、定语从句等转译成分句，从而在译文中出现人们不习惯的外语式长句。

例6：I am one of the many city people who are always saying that given the choice we would prefer to live in the country away form the dirt and noise of a large city.

译文：我是许多总是说如果让我们选择，我们宁愿住在乡村，远离大城市污秽和喧嚣的城里人之一。

例6用了一句定语从句，译文语法上没错，但不符合汉语表达的习惯，当英语定语从句的结构较为复杂时，可以将句中"××的"定语部分译成分句。这句可这样译：许多城里人总是说，如果让我们选择，我们宁愿住在乡村，远离大城市的污秽和喧嚣，我也是其中之一。

最后，英语中被动语态使用较广，学生翻译这种句型时经常译成"××被××"，使译文生硬。

学生在学习翻译的过程中，发现自己的不足后，有的非常重视，对翻译学习也持认真的态度，然而他们却没有找到适合自己的学习方法，以致事倍功半，并且产生了畏难情绪。另外还有些学生，学习态度不端正，往往是看看答案，或者是大致地翻译后便去对答案，这种学生的依赖心理和惰性都比较强，一旦发现自己的翻译能力总是不能提高，就产生了焦虑的情绪。从平时学期考试和历届四六级考试的成绩看，学生的实际翻译水平亟待提高。很多学生的翻译测试部分是交了白卷或胡写乱画的，这直接影响了他们的整体英语水平。对学生的调查问卷结果显示，越来越多的学生已经意识到了这个问题，并由此产生了极大的焦虑心理和畏难情绪。同时，学生的翻译练习实践中也暴露出了很多不足。很多学生在平时学习过程中，钟情于林林总总、五花八门的教辅书，对老师布置的课文或句子翻译练习，直接在教辅书上对一下答案了事，不进行仔细的推敲和揣摩。就是在做模拟试题时，也是跳过翻译部分，或草译一下便急于核对答案，结果当然可想而知。这样的学生惰性强，只寄希望于老师讲解，不愿亲自下功夫实践，只是盲目焦虑，依赖心理重。另有一部分同学认识到了自己的翻译能力不足之后，非常重视，对平时的翻译学习和操练也持认真的态度。可是他们没有找到适合自己的学习方法：或找一本翻译理论书硬啃条条框框，或稀里糊涂地做一大堆练习而不善于及时归纳总结知识要点，更不懂得将翻译学习与其他技能的提高互联，其结果是感到翻译学习事倍功半，又产生了畏难情绪。这都不利于翻译知识的学习和翻译能力的提高。

2.学生对英语文化不甚了解

目前我国的学生对英语文化知识的了解较少，这也是造成他们在进行英语翻译时语误频频的重要原因。

调查发现，现阶段我国大批院校在英语翻译的教学中对与英语相关的文化知识重视不够，这就使得学生对西方民族文化的习惯、信仰以及价值观等方面的背景知识文化不甚了解；同时，在英语翻译学习中学生也没有进一步地去了解英语单词在不同句子中的不同意思，使得他们只会按照字面上的意思去进行英语翻译。举例来说，英语单词help最普遍的意思是"帮助"，但是它在不同的句子里有不同解释，拿"Please help yourself to some pork."这个句子来说，意思是说"请随便吃点肉"，help在这里充当的是句式的一部分，因此不能拿来单独翻译；而在"The medicine helps a cold."这个句子指的是"这种药可治疗感冒"，可见在这个句子里也不能直接地将help翻译成"帮助"，而要依据上下文的意思进行翻译，在这里译成"治疗"就比"帮助"更加确切。学生们因为对西方文化缺乏一定的了解,再加上汉语语言习惯和思维惯性的影响,在具体的英语翻译实践中,常常会造成对英语的误解,致使出现翻译语误,例如在"You are a lucky dog."这个句子中就不能将lucky dog翻译成"幸运狗",而应将其翻译成"幸运儿",之所以这么翻译,是因为在西方国家里,狗被看成人们的好朋友,因此也就有褒义。此外,在学习英语翻译的过程中,学生也常常会因为对西方语言环境及文化的不了解,而译出一些中国式的英语,从而闹出笑话,类似的例子有将"好好学习,天天向上"翻译成"good good study,day day up",将"给点颜色瞧瞧"翻译成"give some co-lour see see"等,产生这些现象的根本原因往往是由于学生对西方的思维方式、表达习惯等不了解。

七、教师素质现状

大学英语教师队伍中,相当一部分是从学校到学校的教师,他们的翻译实践很少甚至为零,根本不知道如何捕捉翻译的时代脉搏,从而导致了学生所学与社会所需严重脱节,而翻译教学思想应该反映时代的特征,体现翻译所肩负的重大使命,这是翻译教学最基本的价值观;另外,国家为了满足高等教育大众化的需要和经济发展的要求,高等教育的规模按每年8%左右的速度继续发展,目前英语教师和学生之比已达到1∶130。师资紧张直接导致了班级规模日益扩大。授课班级过大、学生多,不少教师难以因材施教,只能以"满堂灌"的形式来开展课堂的翻译活动;此外,迫于平时工作繁忙,科研任务重,教师没有足够的时间和精力进修或自修以提高自身的素质和业务能力。以其昏昏,怎能使学生昭昭呢?学生的翻译能力可想而知。

八、翻译教材现状

目前的翻译教材一般都会涉及翻译理论知识(翻译技巧和基本技能)的讲解,而这些基本理论的讲解对翻译的初学者来说是非常必要的,俗话说"没有规矩不成方圆",因此对于初学者来说,如果没有一定的翻译技巧和技能的指导和制约,他们便不知道如何才能更好地翻译,也不知道自己的翻译是好还是不好。然而,由于目前高校所使用的翻译教材不太容易进行举例教学,且其中的文学类例子较多,对于翻译初学者来说较为困难,而适合他们的简单的、基本的例子则相对较少。同时这些教材还存在一定的滞后性,教材内容大多滞后于时代的发展,因而缺乏合适的、时代性强、信息性强的翻译例子。在这样的情况下,学生会因为教材内容较难或较为乏味,不能引起他们学习英语翻译的兴趣而厌学。最后,从教材设置上来看,大部分的教材都更加重视学生听说能力的提高,对于学生听说能力的培养也都有专门的辅助教材，而提高学生翻译能力的辅助教材的数量却相当少；在教材中，翻译练习的数量也较少，即便有练习，也大多为汉译英练习，也就是说学校在学生翻译能力培养认识上存在着一定的误区，使得不少学生只要提到翻译，就会下意识地认为是将汉语翻译成英语，却在很大程度上忽略了英译汉能力的提高。调查发现，在非专业英语教材中，基本上很少甚至没有提到英语翻译的技巧及理论问题，这就使得很多学生只知道翻译实践，却不重视翻译的技巧及理论指导的学习。

针对上述情况，建议教师首先要确立翻译作为语言基本技能来教的指导思想，充分利用精读教材所提供的语言活动材料，把翻译知识和技巧的传授融入精读课文的教学中，有意识地培养学生的翻译能力。例如，教师可以在每篇课文中有目的地选取一些句子或段落对学生进行有针对性的翻译训练，通过原文与译文在词的语义和语用、句子结构、语篇布局等各个方面的深层次对比分析，使学生理解翻译知识和技巧，还要辅以适当的补充练习，使学生在句子和语篇层面上加强翻译训练，做进一步的消化巩固。练习的形式可以是多种多样的，课内的，或是课外的，独立思考，或是开展讨论等。这样的翻译教学是有的放矢的，也应该是行之有效的。当然，对学生翻译能力的培养不应只依赖单方面的翻译知识的传授和技巧的训练。听、说、读、写、译五种语言基本技能不是孤立的，而是相辅相成的。在语言教学中，培养翻译能力还要从其他诸多方面着手，如通过加强词汇和语法教学，夯实学生语言学习基础；通过加强精听、泛听、精读、泛读训练增加学生的语言输入，为语言输出做好质量上的前提准备；通过加强中西方文化的对比分析培养学生语言学习和运用中的文化意识，提高文化素养等。

第二节　国内外大学翻译教学模式研究

随着经济全球化的进一步发展以及中国成功加入WTO，中国与世界的交往日益频繁，对外交流的范围日益广泛。因此，社会需要更多的翻译人才，对翻译的要求也越来越高。这对大学英语翻译教学提出了更高的要求。因此，必须不断地吸取其他国家翻译教学的经验和教训，改革目前的翻译教学模式。在发扬传统翻译教学模式优势的同时，与时俱进，根据时代和社会发展的特点，积极探索和尝试新的教学模式。

近几十年来，欧美不少国家极为关注翻译教学的研究和发展，培养了大批专门人才，提出了不少有关的理论和实践问题，翻译教学体系不断发展并逐渐走向完善。然而，由于种种原因，我国的翻译教学发展并未得到应有的重视和足够的研究，仍存在许多问题：课程设置随意性强，教学计划较为混乱，很难达到既定的教学目的等。如果想尽快地弥补这些差距，就有必要借鉴一些先进的理论和方法，博采众长，以期建立一个严谨的翻译教学体系。这里以翻译教学开展较好的英国和法国两个国家作为例子进行介绍。

一、英国翻译教学现状

英国的翻译研究在世界翻译研究领域中占有重要的地位，无论是纯理论研究还是应用性研究，其成就都极为辉煌，是世界翻译史上的一面光辉旗帜。近些年来，翻译教学作为一门独立学科发展迅猛，表现出其特有的教育理念，值得研究和借鉴。

（一）翻译教学思想和教学体制

从翻译教学的思想来看，在20世纪50年代以前，翻译基本上被看成一种技能，缺乏明确的理论指导。正如汉斯•弗米尔（Hans Vermeer）所言："翻译教学实际上传授自下而上的语言技能（bottom-up skills），即学生是学习单词、词组、句子，理解文章的意义，然后再用母语表达所理解的意义。"教授方式也十分单一，只是靠老师的言传身教，缺乏系统性和科学性。从20世纪50年代早期到整个20世纪60年代，翻译被认为是"应用语言学的一个分支"，语言学的研究成果确实给翻译研究注入了生命活力。在这个时期，翻译教学的任务是让学生学会根据上下文来确定待译文本中语言要素的意义，然后在目标文本中寻求最恰当的对等语言单位。20世纪七八十年代以来，翻译研究从其他学科的"理论框架和方法论中吸取了更多的营养"，如心理学、交际理论、文学理论、人类学、哲学、文化研究等，功能主义的翻译教学方法因此逐渐兴起。翻译不仅是不同语言之间语言单位的转换，还是跨文化交际。翻译教学的目的是培养能够进行跨文化交际的人才，译文必须在目标文化中产生预期的作用，发挥相应的文化功能。

从翻译教学的体制结构来看，20世纪70年代以前，译者培训机构形形色色，有政府机构、国际组织、职业协会，甚至大型企业或私立学校，当然也包括大学的系和独立的学院。20世纪80年代至20世纪90年代初，职业培训和学校教育之间原来森严的壁垒逐渐消除，许多职业学校、技术学院、培训机构逐渐合并于国家正规大学的教育体制，原来独立的翻译培训机构基本上不复存在；大多数翻译培训项目转而设在大学原有的语言学系、文化研究中心，或成为大学中跨学科研究学科。大多数的培训项目学习时间并不太长，目的是在学生原有本科教育基础上提高特定的翻译能力。学校授予的翻译学士学位和硕士学位使翻译教育在高等学府中的存在更具有学术性和合法性。许多大学还设立了翻译研究博士学位，翻译研究从此摆脱了纯粹经验性的对比研究，开始与传统的语言学、比较文学和社会文化研究融为一体，成为全方位的理论与教学方法的研究对象。另外，由于实证主义思想的影响，高等教育人才培养模式开始逐步"走向市场"，传统高校陆续开设实用性强的翻译教学项目，其翻译教学体现出面向社会的特色。

（二）翻译教学模式

英国本科阶段开设翻译专业的大学不多，大约只占1/3。研究生层面的翻译教学比重偏大，教学培养模式呈多元化趋势，而且不同类型的翻译教学由于培养目标和培养方式的差异，在课程设置和师资配置上不太一样。纵观近几十年翻译教学的发展，英国的翻译教学可粗略地划分为下面四种培养模式：

1.以会议翻译（口译）培训为主的职业培训

培养模式是各大学举办的翻译培训班，学习结业后发给翻译证书或翻译文凭。这类学校继承了法国巴黎高等翻译学校的培训模式，培养对象以口译或会议翻译人才为主。这类教学积极应用达尼卡·塞莱斯柯维奇（D.Seleskovitch）的释意理论，将翻译视为交际行为而不是交际结果，注重翻译中译员的心理过程。此外，译者被看成画家而不是摄影师，译者必须传译的是原作的思想而不是词句和语言结构，也就是说，翻译的单位是篇章，是话语，而不是词或句子。这类学校注重技能训练，强调训练程序与方法。教学中重视培训译员听懂篇章的意义、分析内容，利用形象化等手段记忆信息内容，归类、听懂并记住数字，复活大脑的被动记忆，并学会一边听，一边译，使语言表达清楚准确。教授翻译的人员大多是职业会议译员或译者，同时懂得教学法；要求学生的第一外语或第二外语达到理解无特殊困难，母语表达准确、贴切、娴熟的程度，其智力和分析综合能力及文化修养应达到较高水平。课程设置除了即席翻译和同声传译外，还讲授经济、法律、语言学、翻译理论等课程。为保证学生熟悉未来职业，学校常邀请一线的口笔译工作者来校讲学以保证学生与该行业职业者接触，并常在毕业前安排学员赴校外相关机构或国际组织进行实习。

2.以W.威尔斯（W.Wils）的语言学理论模式为基础的教学方法

这种模式主张将专业知识的翻译视为应用语言学的范畴。在四年的翻译教育中将语言的学习与翻译技巧的训练结合起来，以培养复合型翻译人才。其培养模式以海里奥特—瓦特大学（Heriot—Watt University）语言学院苏格兰口笔译研究中心为代表。其培养目标、课程设置和教学方法充分体现出翻译语言行为的理论思想与特点。口笔译研究的培养目标是使语言学的毕业生掌握宽泛的口笔译特殊技能，以适应多种职业的要求。其博士学位的主要研究方向是口笔译研究、话语语言学和交际学。口笔译研究中心开设的主要课程有对比语言学，翻译理论，准备和现场翻译，笔译研究，会议与联络翻译，改写、编辑、摘要与校对，科技与翻译、双语社会与文化研究等。

然而，口笔译研究中心的教学内容并不严格地局限于狭隘的翻译，除了语言教学、应用语言研究之外，还要求学生学习社会、文化、政治和经济方面的知识。口笔译专业的研究方向也十分广泛，如技术翻译、机器翻译、文学翻译、媒体翻译、会议翻译、联络翻译和翻译理论等。

3.功能主义理论的培训模式

以弗米尔为代表的翻译功能学派主张考虑译者的翻译环境，不能将翻译局限于语言学或文学的狭隘层面。译者应在跨文化的交际中发挥相应的功能。采用此理论的教学机构在翻译领域或语言学领域的学术实力较强，往往采用学院式培养模式培养专家学者型的翻译研究人才。沃里克大学（Warwick University）英语与比较文化研究中心是这类培养模式的代表。沃里克大学始建于20世纪60年代中期，该校的英语与比较文化研究中心始建于1977年，如今已是英国最大的翻译研究与教学基地，能够授予翻译研究的学士、硕士和博士学位。从中心的名称可以看出，该校的翻译教学与文化的研究紧密联系在一起，教师都是翻译家，其研究兴趣几乎涵盖了文学和文化的各个方面：翻译理论与实践、翻译史、后现代主义批评、马克思主义批评、美国文学、文艺复兴时期的诗歌、英国黑人文学与文化、妇女文学、加勒比海地区研究、后殖民主义文学、爱尔兰研究、英伦三岛比较文学等。课程设置包括核心必修课、选修课和论文写作。翻译研究生的核心必修课包括"翻译与接受研究"和"翻译理论史"。前者将翻译视为"文学变化与发展的塑造力量"，分析考察"不同文化之间文本的传播过程"，考察翻译在文学系统中引进新观念、新形式、新类型的方式，并且考察不同文化的读者接受文本的方式；后者旨在考察翻译理论的起源、翻译态度的变化，以及翻译评价标准的变化和翻译实践模式的变化。翻译研究的选修课程极其广泛，主要有以下几门：诗歌与翻译、戏剧翻译、翻译与性别、翻译与后殖民主义、学习方法论与研究技巧等。学生通常要求具有相关领域的知识与经历，并具有相应的学位。可以看出，沃里克大学主要采用学院式的培养模式，培养学术型的翻译人才。翻译类型侧重于笔译，特别是人文和社会科学的翻译，自始至终强调翻译的文化功能、社会影响与接受文化的态度与作用。

4.计算机辅助教学模式

计算机辅助教学已经在越来越多的学科和课程中得到应用，尤其是计算机智能辅助外语教学，从理论到实践都有令人兴奋的效果。这里以曼彻斯特大学理工学院为典型来研究其教学特点。该校的翻译教学设在语言工程系，是现代高科技、计算机、语言教学、翻译等学科的综合性教学。该系不仅授予翻译研究的科学学士、硕士、博士学位，而且授予机器翻译的硕士学位。曼彻斯特大学理工学院的语言工程系与其他大学的语言学系或现代语言系的区别在于，该校不仅重视学生的语言技巧、翻译能力，而且强调语言知识的作用，强调对不同语言的学习与训练，掌握语言学习的规律。他们认为，纯粹的语言能力在漫长而多变的市场需求和个人的工作经历中很难使学生永远立于不败之地。学生只有牢固地掌握语言学习的规律、方法与使用技巧，才能更好地迎接挑战。以该系开设的术语学课程为例，学生要求掌握术语学的理论框架，利用计算机对术语语料进行分析研究，建立概念结构，认识不同使用者对术语的不同要求，以及术语对信息处理系统的重大作用。

所以，该系的毕业生深受市场欢迎，许多人成为术语学的专家、词汇学专家、词典编纂者和文献学专家。该系有关翻译的课程十分丰富，而且富有特色：翻译语言学、翻译方法论、译者信息技术、口译研究、机器翻译、机器翻译评估、计算机辅助翻译、翻译理论、理论语言学、形式语义学、计算词汇学、语料语言学、术语学、言语与语言处理、人工智能以及自然语言处理等。更值得一提的是该系是英国最大的计算机辅助语言学习基地，研究领域涵盖了语言学习、语言学和计算机语言学等纯理论研究和应用研究，主要研究课题包括语言工程、理论语言学和翻译研究。

（三）翻译教学特点

第一，英国在教学中注重实际，各个学校都比较注重外语能力、母语能力、翻译能力、实际技能、计算机操作技能和专业知识的培训。各个学校善于根据学生的实际情况和国际上对翻译人才的需求，探索有效的翻译教学模式，教师对翻译教学的研究多有创新，较少跟在其他欧洲国家后面亦步亦趋，较少照抄其他国家的研究文献。例如，纽马克的《翻译教程》及其翻译教学的经验就包含了许多实用的观点、事实和例证，以及通俗易懂的方法原则。

第二，英国翻译教学比较注重理论的指导作用。这与英国在世界翻译研究中占有重要地位有关。在当今各个翻译理论流派中，英国都有举世闻名的翻译理论家，如萨瓦里、卡特福德、斯坦纳、纽马克、巴斯奈特、哈特姆、贝克等。英国在翻译研究方面的突出成就和理论创见自然而然地成为翻译教学的重要内容。在有权授予翻译学位和文凭的大学中，2/3以上的大学专门开设了"翻译理论"或"翻译研究"课程。

第三，英国翻译教学培养模式多元化。这既可以适合不同学生的能力及需要，扩大学生选择学习的范围，使学生有宽广的发展路径，又能为翻译学学科的发展注入永久的活力和生机。英国翻译教学没有一个统一的模式，教学时间长短不一，教学目的各有侧重，教学方法多元互补，教育思想百家争鸣，因此各校的翻译教学各具特色，极大地活跃了学术探索的气氛。

第四，培养模式多途径化。绝大多数大学都将时间较长的学位培养计划分解成时间更短的翻译文凭和证书课程模块。英国硕士培养时间通常为一年，而文凭和证书培养时间更短，不足10个月，学费也相应较低。这样灵活多元的培养模式不但较好地满足了社会对各类翻译教学的需求，也在一定程度上实现了教育的普及化和大众化。此外，授课方式灵活多样，除远程教育外，还有全日制、非全日制，甚至"三明治式"课程（指课程学习与工作交替进行，从事新职业的人员可以视其为职前训练以适应新的工作；在职人员则视其为继续深造提升的途径，利用工作闲暇接受训练）。以布里斯托大学（University of Bristol）为例，它所设置的翻译（法英翻译）文凭/硕士课程均在周末开班，非常适合上班族提升自己的职业技能。

在教学评估环节上体现"订单制"也是英国翻译教学的一大特色，各高校除根据不同的培养计划，让学生除撰写毕业论文之外，还可以选择多种方式以完成具体翻译作品或项目来毕业。以英国的 University College London 为例，学校开设与翻译研究、翻译技巧、电子交际与出版、翻译技术相关的大量课程，并根据不同培养路径从中挑选课程进行模块组合。学生通过选修不同的课程模块，可以有5种途径（理论与实践途径、电子出版途径、理论途径、翻译实践途径、技术途径）来获取该校的翻译理论与实践硕士学位。不过在这方面学校必须在教学评估环节上严格把关，使社会真正得到所需的不同层次的翻译人才。

第五，英国的翻译教学紧跟社会需求，不少高校从社会需求和学校办学条件出发，开设了不少新的翻译专业方向的课程，并随之针对培养目标具体安排教学内容，如法律翻译、商务翻译、科技翻译、视听翻译、翻译与写作或专业性笔译、交替传译、同声传译和对话传译等。同时，各高校还通过讲座、中期测试评估等方式让学生了解本身的能力及潜能，并根据就业兴趣及时调整自己的专业方向和培养途径，从而为未来学业及就业做出计划。这样，翻译教学就做到了教学重点突出，实用性强并紧跟市场需求。

从英国翻译教学情况来看，可以得到一些启发：英国多元化翻译教学较为成功的一个重要原因是其教学定位清晰，导向明确。一般大学的翻译课往往只是作为语言学习的辅助课程，而不是职业培训。翻译院系又有各自不同的教学目标，每一层次都严格制定，因此才能有针对性地制定教学大纲、开设课程进而选择书目、实施教学。国内目前的翻译教学在人才培养类型、层次等方面与社会需求之间存在较大矛盾。由于翻译人才的培养规格和模式比较单一，长期遵循学术导向的单轨制教学模式已不能与社会需求接轨。另外，翻译教学的学科专业特色并不突出，许多中国大学的翻译课程极少与翻译紧密相关，即使开设了一两门翻译课程，也未必覆盖翻译方面学生必须掌握的基本内容，不能适应市场或学术研究对高级翻译人才知识结构和能力的要求。对此，英国翻译教学为人们提供了一个多层次、多类型的培养模式实例，对我国翻译教学有重要的启示意义。翻译学在中国作为一门新兴学科正在起步发展之中，应当在翻译教学领域进行大胆改革，使之紧跟社会步伐。

二、法国翻译教学现状

在法国的文化生活中，翻译有着举足轻重的地位。随着社会的发展与国际交流的日益频繁，翻译将占有越来越重要的地位。在法国，直接或间接从事各种翻译的人员也越来越多。培养译员是一项重要的任务，法国在翻译人才的培养方面，积累了相当多的经验，翻译教学比较受重视。

法国有专门培养国际会议译员和职业翻译的学校，例如巴黎高等翻译学校和高等翻译学院。也有不少综合大学、文科院校有翻译系或开设翻译课程，如东方语言学院、巴黎第七大学等，但院系名称有所不同，有的称"翻译系"或"文学翻译系"，有的称"语言与技术系"或"翻译与交际系"，还有的隶属于文学、语言学、社会人文科学、经济法律等专业，或归属于"外国语言应用"或"跨文化研究"专业。除此之外，更多的是教授语言的学校，他们沿袭传统的做法，在语言学习期间开设翻译课程。由此可以看出，接受翻译训练的不仅有语言专业的学生，还包括部分人文和理工科专业的学生，从大学一年级到硕士和博士，层次不等，其中部分学校获得了授予翻译学硕士和博士学位的资格，另一些学校则授予相关专业职业文凭，对在职人员进行口笔译实践培训，或指导学员从事翻译理论研究。

（一）翻译教学培养模式

法国的翻译教学可以分为职业翻译培训、与其他专业方向配合的翻译教学和以教授语言为主要目的的翻译教学。按照心理教学法理论，"教学目的、目标、方法和手段不能从一个专业照搬到另一个专业，而应该对其进行思考，以使其适应当前教育遇到的新形势"。培养目标不同，教学内容、方法和手段必然各异。

1.以职业培训为目标的翻译教学

（1）巴黎高等翻译学校

该校专门为联合国教科文组织、北大西洋公约组织等国际机构培养国际会议译员和笔译人才，学生来自全球的各个国家，涉及四十多种语言。该校招收对象为文、理、法、社会学各科大学毕业生，新生没有数量限制，但入学考试十分严格，除对翻译需要的相关能力的考查外，还对其未来将适用的工作语言水平要求很高。学校下设三个系：口译系、笔译系和研究生系。口译系学制两年，第一年学习即席翻译，第二年学习同声传译，同时开设经济、法律、语言学、翻译理论、术语学等课程，每周总课时大约24小时。笔译系学制一般为三年，第一年开设基础翻译课，第二年开设经济翻译课，第三年开设科技翻译课，同时开设口译系翻译除外的其他课程。两个系还同时开设母语及外语进修课（每门1.5小时/每周）。两年或三年学业期满，考试及格或论文获得通过者分别发给"会议口译人员高等专家毕业文凭"和"笔译人员高等专家毕业文凭"。学生毕业后，大部分投考各国际机构的翻译部门，也有一部分毕业生为了工作自由不投考国际机构而分别向各国有关机构申请自由译员的工作执照。70多年来，该校为联合国、欧盟以及西方各国的外事部门培养了一批又一批的高级翻译人员。

巴黎高等翻译学校以塞莱斯科维奇的释意理论为翻译教学的理论基础，该派理论运用语言学、逻辑学、心理学的成就来阐释翻译的理解和表达过程。其核心思想正是对穆南、贝尔尼埃和阿尔比的语言学译论的继承。这一核心思想就是：翻译的主要目的是译意，而不是原语的语言外壳；提倡在翻译中进行"文化转换"。释意理论提出的翻译程序是：理解、脱离原语语言外壳和重新表达。不可否认，这一翻译理论体系在培养高级口译人才方面是十分有效的。巴黎高等翻译学校的一个重要特色，就是极为重视翻译教学理论的研究，推出了一系列翻译教学研究专著。在翻译教学理论研究方面，针对翻译教学的性质、特点、目标、方法，进行了较为系统的探索，提出了许多富有启迪意义的观点，总结了可资借鉴的经验。比较有代表性的成果有杜里厄的《科技翻译教学法基础》、拉沃的《翻译在语言教学法中的作用》、巴拉尔的《翻译——从理论到教学》《大学中的翻译：翻译教学研究与建议》、勒菲阿尔的《笔译推理教学法》等。

（2）雷纳第二大学

该校颁发多语种多媒体交际工程学职业文凭。用十年左右时间发展起来的"语言和技术"专业主要为翻译机构或公司培养英法德笔译人员。这所学校的培养模式同布鲁塞尔玛丽·哈蒲斯自由学院接近，但不培养口译人员。学生毕业后以担任翻译、审校、译审、项目负责人等为主。该校的特点是把翻译教学同计算机的使用和专业术语研究及企业需求紧密结合，例如，该校出版了《奥林匹克英法实用词典》。该专业指导教师出版了翻译理论研究专著十几部，研究成果丰硕。

雷纳第二大学教授瓜岱克在他撰写的《描述翻译和概要翻译》中根据职业翻译特点和程序提出了渐进式的翻译教学模式。描述翻译旨在寻找文件所有重要线索，说明理解阐释文本的环境和条件，找出并翻译关键词，说明主题或主要议题；概要翻译在于使用与文件语言不同的语言提供简要明快的主要内容和情况。按照瓜岱克的说法，描述和概要翻译是所有翻译不可或缺的基本能力，是职业翻译的最经济模式。从教学法的角度讲，这是尊重学习进度的理智方法，可以帮助理解要翻译的文件，建立合理的术语库。译者通过资料查询进行跨文化、跨语言实践和审校实践。

该校翻译专业确定的培养目标是：毕业后能在翻译公司或类似机构承担职业翻译、译稿审校、专业术语研究、信息管理、项目管理等工作。该校"多语言多媒体交际工程学"，把翻译培训同广泛意义上的交际和信息传输结合起来，把翻译训练同术语研究结合在一起。换句话说，每一专业翻译训练结束后，学生都要将该领域术语输入计算机进行处理，以供有关企业和个人使用，或编辑成字典出版。

随着因特网的广泛应用，不少大公司希望随时从全球各地的网站上了解行业信息，因此对翻译有了新的需求，他们通常不是让翻译公司完整翻译网上的内容，而是要求译者采用"描述"或"概要"形式对原文进行适当的压缩和摘编，即编译、摘译或译述等，然后视信息情况决定是否需要翻译全文。这也是"描述"和"概要"翻译训练进入培训内容的原因之一。

2.专业翻译研究与翻译培训

(1) 里昂第二大学

该校的语言学和应用语言学专业将语言学同术语研究紧密结合，术语研究重点是医学（以医药学为主）和环保专业。硕士生在学习相关专业的同时在导师指导下从事以法英、法阿、法德为主的双语术语翻译研究。该校与国家科研中心合作和下属的二十多所研究教学单位在以上两个领域的术语研究成果在国内外都享有盛誉。毕业生可以直接进入相关领域从事教学、翻译或其他工作。里昂第二大学为语言学系或商务及法律系的研究生开设了专业口笔译课程。其授课方法为职业翻译培训，强调翻译思维能力的训练和方法论的应用。

(2) 卡昂大学

该校开设法律、人文、语言、自然科学等专业，颁发硕士和博士文凭。人文科学下设的跨学科人文科学研究中心培养硕士和博士生。课程以心理语言学、生理学、口译心理和认知科学为主，最具特点的是从跨学科角度研究语言、认知和非语言因素对儿童语言发展及对交际的影响，近几年对会议口译程序的认知和心理语言学研究取得了初步成果，在翻译界和心理语言学界产生了一定的影响。

3.教学翻译——语言教学的一种手段

法国另一些学校也开设翻译课程，但其目标并非培养职业翻译人员。参加培训的学员毕业后可从事职业笔译，也可从事与翻译没有直接关系的工作。里昂第二大学的外语语言应用专业、拉罗歇尔大学亚洲商务专业、蒙彼利埃第三大学外语语言应用专业、里昂第三大学外语语言应用专业、埃克斯-昂-普罗旺斯语言学及外语语言应用专业与东方语言学院语言和文化专业等均属于这种情况。翻译在语言教学中只是一种教学手段，目的是帮助学生理解原文的语法、词法等，逐渐用准确的外语表达思想。随着翻译学研究的不断深入，语言教学更多地引进交际法，课堂上出现了"模拟"交际场景，原来的单词翻译扩展到句子，句子翻译扩展到连贯的短文翻译，而且教师也在翻译前提供与交际场景相关的信息，更多地注意翻译过程，改善教学环境，学生在交际中学习和掌握外语的速度加快。

（二）翻译研究和翻译教学的特点

1. 翻译研究的跨学科现象

研究显示，法国各个高校的翻译教学和翻译研究已经远远超出经验论阶段。如果说翻译也是交际，而交际的目的是交流思想，那么翻译的对象自然是思想和意义。问题是意义又是如何形成的？语言学研究成果对翻译学研究有很大帮助，但不能完全解释翻译中出现的问题和现象。心理语言学研究成果揭示了译者在翻译过程中言语轨迹的形成和言语表述的过程。认知科学告诉人们，"意义的形成并不只是言语成分的简单组合结果"，人们还必须了解人类表述的不同方式。由此而论，语言只是意义构成的一个成分。翻译研究不可能停留在简单的语言分析层面，还要关注交际中人与人、语言与其他因素的关系，而想研究这些关系必须走跨学科的道路。巴黎高等翻译学校的释意派理论率先超越语言学研究范畴研究职业翻译，卡昂大学则借助心理语言学研究成果从跨学科的角度深入研究会议口译程序，他们的一位在读美国博士正在从心理语言学的角度研究手势对国际会议译员理解的影响，试图说明语言、韵律和手势三者在交际中的关系。应该说，无论是巴黎高等翻译学校的职业口笔译训练，还是雷纳大学的职业多语言多媒体交际工程培训，或是里昂第二大学的硕士生口笔译教学，甚至是一些学校的教学翻译，在解决语言问题的同时，大家对认知知识的准备、获取和在翻译中的激活给予了越来越多的重视。

2. 翻译研究和教学与其他专业结合的倾向

随着经济全球化，经济、政治、法律、文化、体育、卫生等各领域对相关专业的翻译需求在快速增长。正是这个原因，法国的一些高校开设了专业翻译课，目标是培养既懂专业又接受文化和语言训练的翻译或专业人员。翻译教学与术语研究的结合可以说是法国大学翻译教学的一个特点，凡有意从事专业翻译的各类人文学科和理工科的学生都能在进行专业学习的同时接受翻译培训。法国里昂第二大学的医学和环保专业、卡昂大学的心理语言学和认知心理学专业的翻译教学便是很好的例子。

此外，翻译研究的发展还逐渐呈国际化合作趋势，主要表现在：一是通过越来越多的国际研讨会集中探讨翻译研究方方面面的问题；二是通过合作实验方法，针对某种具体问题从不同角度对该问题进行分析和阐述。这种跨越国界、跨越学科领域的学术交流必将促进翻译研究的快速发展。

　　法国翻译教学和研究的成果和发展趋势值得人们思考。在严格区别教学翻译和翻译教学的基础上，国内的翻译教学机构应该深入研究如何更好和有效地培养翻译专门人才，同时研究在理工科和人文学科的教学中适当安排职业翻译技能教学，这样做不仅可以尽快提高国内的翻译教学质量，为市场培养更多的专门翻译人才，而且能让更多的有一技之长的青年承担不同领域的翻译工作，让更多的人直接参与到中国与其他国家之间的交流当中，为中国走向世界和世界走向中国搭好交际之桥。

三、德国翻译教学现状

　　德国有着良好的翻译理论传统。德国功能学派的研究对后续的理论研究，以及翻译教学都有深远的影响。

（一）基于现实生活的文本翻译的翻译教学模式

　　与英国相比，德国的大学一直是注重翻译专业人才的培养，并认为每个人都应该享受大学层面的教育。这种专业的教育使得学生要在学校里花上很长的时间。例如，一个想要接受培训后成为教师的学生要在学校里花上四年半的时间，这还要看学校类型以及学生走完整套教学体系所花的时间，实习教师要在学校里实习两年，才能成为合格的教师。然而，大学所提供的这种学术训练并不见得是为将来的专业需要所设计的。英语教授实际上是英国文学教授，而文学作品的选择也是因教授的个人研究喜好而定的，并没有考虑课程要求。一般认为，学生的语言能力在入学前就已经获得。在这种情况下，学生语言技能的提高或被视为蹩脚文人，或是无用的装饰。曾经做的一项有关语言课程的调查显示，大概有三分之一都是翻译——译出或译入，而学生的语言能力并没有得到提高。考试通常采用改写与翻译的方法，考试用的文章可能是从某一文学作品中抽取。整个考试不允许用字典。改写是考查学生运用外语的能力；翻译是考查学生对外语的理解力和改写成母语文章的能力。但这种考试并不能考查翻译能力。

　　随着经济全球化的进一步发展，国际的交流与合作不断加强，德国的翻译教学也开始与之前的那种翻译模式、纯文学翻译的外语教学分离，转为基于现实需要的文本翻译的教学模式。这种翻译教学模式并不是要培养专业的翻译者或口译者，而是为了使所有专业语言研究人员能够具有处理日常的或非正式的翻译的能力，并能够监督公共的或正式的文本翻译的质量。对于在训练时翻译文本的选择，也要是那些在真实生活中可以或应该被翻译的文本，比方说某个特殊的客户所需要的，某个特殊目的所需要的，或是要对某个特殊观众所说的文本，这样一来学生就可以处理真实的翻译任务了。在翻译课上，教师可以和学生共同探讨所选择的文本，以及其被翻译的必要性；它的可能读者；为适应目标读者需要，译者要对该文本做哪些调整等。任务可以由小组成员合作完成。那些在翻译中可能遇到的问题，比如数字、数据的处理，特定时间，人名、地名，文章修改，文化内容等都可以加到翻译教学中。德国的杜伊斯堡大学也采用了这种基于现实生活的文本翻译的翻译教学模式。这里的学生只有外语专业水平达到一定高度才可以开始翻译工作。第一学期是翻译基础课程，学习翻译的各个方面。比如对不同词汇项的翻译，如何合理使用字典和其他材料资源，对文化因素的翻译，如何调整文本以适应特定读者，语域分析，文本类型，相同文本的不同翻译等。之后的两个学期要学习德译英和英译德。最后一学期是选修课程——学生翻译工作组。这个课程的教师一般都是目的语的本族语者。学生可以在翻译过程中发现很多专业翻译所遇到的问题，并且可以学习如何使用参考资料以及如何加快翻译速度等。

  基于现实生活的文本翻译的教学模式也是值得我国大学英语翻译教学学习的。文学翻译对于大学外语系的学生来说难度较大，并且对于未来职业需求意义不大。在我国进行大学英语翻译教学时，可以根据学生所学专业和未来职业需求设计翻译教材，翻译的文本可以是科技、商务、旅游和法律等内容。

（二）基于培养文学翻译的翻译学院——杜塞尔多夫大学

  以上提到的基于现实生活的文本翻译的翻译教学模式是为了培养更多的具备一定翻译素养的专业人才。在德国，由于所处地理位置、地缘政治和历史等原因，德语和德国民族文学的形成与发展在很大程度上得益于外国文学的翻译，因此文学翻译也占有一定的市场。德语文学史上的许多著名诗人、作家，从歌德、席勒到霍夫曼斯塔尔、里尔克、格奥尔格，到第二次世界大战后的埃里希·弗里德、伯尔、汉特克和恩岑斯贝格尔，都曾翻译过外国文学作品，为外国文学在德语区的传播做出了贡献。按翻译作品数量计算，德国远远超过英、法等国，但是翻译作品的质量不尽如人意。受传统观念影响，译事不为学界看重，译者的社会地位较低，报酬也偏低，多数情况下不能靠翻译稿酬维持生计。

  针对上述情况，杜塞尔多夫大学文学院以法国文学专家尼斯教授为首，汇聚了对跨国界跨文化的语言与文学交流及翻译理论感兴趣的一批教师，深感有必要成立一个新的专业，制订完备的教学计划，更科学、更系统地培养文学翻译人才。他们认为，面对不断扩大的职业需求，传统的、通过自学摸索的方式造就文学翻译人才的办法，无论对译者、出版社和读者都是事倍功半，不能再继续下去了，这一重要的跨文化传播工作的职业化已刻不容缓。

杜塞尔多夫大学文学翻译专业教学计划规定，学制（包括毕业考试）为4年3个月，达到毕业要求须完成的课时为160个学期周课时（修读一门一学期、每周2课时的课程可获2个学期周课时）。其中必修课和限制性选修课计148个学期周课时，与其他文科专业相比，任选课比例稍低一些。完成教学要求、通过毕业考试者获"硕士翻译"学位。可供选择的外语为英、法、西、意，因为这四种语言的译本占全部翻译作品的五分之四。学生须从这四种外语中选择一门主修专业方向和一门辅修专业方向（英法两种语言中必选一门），另外还必须辅修德语（目的语），作为第二门辅修专业方向。主修外语占总课时的一半，即80个学期周课时，两个辅修语种各占40个学期周课时。这就是说，学生至少须掌握两门外语，能翻译两种语言的文学作品。文学翻译专业十分注重理论与实践的结合。教学计划规定，每个专业方向（包括主修和辅修）的教学都包括理论性课程与实践性课程两方面。以主修专业方向为例，学术性、理论性课程必须修满36个学期周课时（必修课），其中语言学和文学各占16课时，具体课程有语言学导论、语言史、20世纪语言、词汇学、语义学、句法、语言变体、文学导论、文学史、20世纪文学、语篇分析基础、文学的接受、类别文学专题等，翻译比较占4课时。语言与翻译实践课必修课与限选课共须修满32课时，具体课程有语法对比、词汇对比、成语对比和大量的文学翻译实践课，以外译德为主。这里，文学的概念比较宽泛，既包括严肃文学和消遣文学，也包括讲究文笔的人文科学文章。在翻译实践课中，学生要练习翻译各种文学门类和体裁的文章，如散文、小说、随笔、韵文、戏剧、舞台剧、广播剧、影视作品以及论说文等。到高年级时，每个学生都须选择一个重点领域，深化提高。另外还有跨语种的、以翻译学中普遍的共同问题为内容的课程（占8课时），如翻译导论、翻译理论、翻译史和翻译工作者职业概貌。特别要指出的是，该专业在传授理论知识中，力求避免为理论而理论的经验式教学，注重从实践中总结出来，又能反过来指导翻译实践和翻译批评的理论。正像负责文学翻译专业的院长代表尼斯教授强调指出的那样："大学学习不能代替实践，但我们力求给学生贴近实际的理论，传授技能和背景知识。"培养学生的独立工作能力，提高他们在劳动市场上的竞争力，使他们尽快适应毕业后的职业工作，把所学理论知识应用到实践中去，是该专业办学的指导思想之一。

四、奥地利翻译教学现状

奥地利翻译教学最有代表性的是维也纳大学翻译学院，其教学大纲描述道：口译和笔译是翻译活动的两种完全不同的形式，它们要求未来的专家应具备相应的能力、良好的听力以及清晰的发音、敏锐的反应力、特殊的记忆力，这种记忆力有助于在短时间内捕捉到谈话中的一段（有时是相当长的一段）并且能在翻译完这一段之后马上去理解另一段话。笔译者则要求具备高度发达的语感、洞察最细微修辞色彩差异的能力，能找到传达这些色彩的最贴切的字眼。同时，还应精通原语和译语的特殊性和表达手段。笔译者应既是个有创造能力的人，又是一个一丝不苟的人。正是基于这种视口译和笔译为两种形式的观点，翻译学院的教学课程设置也是不一样的。它把整个教学分为两个阶段。

第一阶段4个学期，注重整体培养，把主要注意力投放到对第一外语和第二外语的研究、完善和加深母语知识、锤炼口译和笔译技能以及国情知识上。

教学第一阶段利用4个学期开设必修课，包括第一外语（1个学期至少28学时）、第二外语（18学时）、国情学。除此之外，学生还应该听完一系列理论课，包括翻译的科学原理和专业实践的原理、法学和经济学原理。普通语言学、实用语言学、语言和言语心理学这三门课可任选其一。每学期要有不少于14学时是要用来学习翻译课的。

语言教学大纲包括语音室教学、视听教学、口语实习课、语音学、正音法、语法词法、句法、对比语法、成语学、修辞学、词汇学。后四门课或以实践课，或以讲座形式来进行。科学与技术语言这门课也可以按讲座形式上，它包含如下分支：人文科学语言、自然科学语言、技术语言、医学语言、公文语言。学生还要练习写作文、做记录、起草报告。他们可以选择所有这些课程（共60～100学时），也可以选上其中的一些课程但不少于14学时。教学第一阶段的翻译课包括德译外和外译德的练习、双向翻译实习课、德译外或外译德的翻译讲习课、报刊文章翻译、经济和法律文章翻译、公文翻译。学生可自愿选上他们喜欢的课程，但上课不能少于14学时（规定为40～60学时）。第二外语的教学大纲大致也可按这一模式来制定，不过课时数要少安排一些。第一阶段的国情学课包括所学语言国家的文化、地理、经济、社会制度、国家与法律、现代史、报刊及文学实习课。

有关普通语言学和实用语言学及言语心理学的课程有如下一些：语言学原理、普通语言学导论、语法理论、音位学理论、语义学、篇章语言学、社会语言学、语言纯洁性、心理语言学和言语心理学、外语研究方法、术语学研究等。不过这些课程中只有两门是必听的。由于学生们选的课程不尽相同，因而经常是只有两三个人上课。不过，开设大量符合学生多种兴趣和爱好的选修课和实践课，还是颇有成效的，或者至少是理应受到重视的。教学第一阶段学生宜选修科学工作技术讲座、所学语言的历史讲座、德语修辞学实践课、所学语言的文学史讲座和实践课、声带卫生和言语矫正法讲座、自发言语技巧实践课、教育心理学讲座、国际关系讲座或实践课、国际法讲座以及其他一些课程。

在教学的第二阶段，实行口译和笔译分开教学。考试课程还是那些，只不过教学时数有所变更，语言和翻译增加6学时，而国情学减少4学时，增加国际组织讲座课作为考查课。整个学期中,不论是笔译还是口译,语言课每周分配2个小时,笔译2小时,口译4小时,随译和同声传译各2小时。第一外语、第二外语及口译、笔译课程的安排大致与教学的第一阶段相同。只是教学时数和教材的繁简有所不同。在第二阶段国情学课的选题应明显拓宽。譬如,学生应涉猎所学语言国家人民的精神发展史、现代哲学思想趋向、艺术史、绘画和建筑史、现代音乐、所学语言国家的文学和文学研究、现代戏剧等。

笔译和口译的共性问题及个别问题课包括一些专题的讲座笔译理论、口译理论、翻译语言学理论,以及评论分析已发表译文的实践课、辞典编纂实践课等。选修课的课程安排与第一阶段相同,但是学生应选前4个学期即第一阶段没学过的课程。

维也纳翻译学院旨在培养高度专业化的翻译人才,注重强化语言研究、下苦功夫练习、深入钻研所学语言国家的社会文化、经济和政治特色。这种扎实的教学理念是值得我国翻译教学界学习的。

第三节 以学生为中心的英语翻译教学

一、"以学生为中心"教学的概念

"以学生为中心"的教学是由于翻译教师仅作为知识的传授者和指导者的角色已远不能满足教学的需求[①],因此教师应通过多种途径突出学生的中心地位,形成课堂上的新型师生关系的一种教学模式。这种教学模式认为翻译是对两种语言的创造性运用,因此翻译活动应涵盖在交际框架下的语言活动、文化活动、心理活动等内容。这种教学模式重视英语翻译教育的发展趋势,特别重视翻译教学环境和学生作为教学主体这两个因素。由于翻译教学环境趋向于提倡、建立一种交际性的课堂教学形式,也就是要努力创建一种能培养学生独立开展创造性语言转换以及语言交际的环境,因此也就应该特别重视社会背景和文化迁移在翻译教学中的作用。此外,这种教学模式认为教师不应再被认为是翻译操练中的带头人、翻译材料的介绍人或译文好坏的评判者,而应在翻译教学的过程中,明确学生才是积极的创造者,而不是消极的接受者;要重视学生的不同个性、学习风格、学习策略以及在学习过程和学习内容上的学生智力因素。总而言之,以学生为中心的

---

① 唐伟清:《教师在英语课堂教学中的主导作用》,《天津职业院校联合学报》,2006年第8卷第3期,第116~118页.

翻译教学就是要充分重视学生在学习过程中的积极作用，充分调动学生学习的积极性和自信心，要尽量让学生自己控制学习内容和方法，鼓励学生参与到教学活动的各个环节中来，鼓励学生更多地对自己的学习负责。

二、"以学生为中心"教学的特点

（一）教师引导，学生为主体

在传统翻译教学模式中，教师通常会处于相对的权威地位，所以人们常常可以看到教师在台上一板一眼地讲，学生在台下不停地记笔记，这也是一种"填鸭式"的教学方法。而"以学生为中心"的教学模式则要求实现教师角色的转移，也就是要将教师角色由主演转变为导演，从而更好地引导、辅助学生学习翻译；而将学生转变为主演，将翻译知识掌握并付诸实践。

（二）教师和学生融洽合作，教学突出实践

"与传统翻译教学模式'以教师为中心'不同，'以学生为中心'的翻译教学模式强调翻译教学过程中学生的主体性。认知理论认为，教学不是知识的'传递'，而是学生积极主动地'获得'。"[1]在"以学生为中心"的翻译教学模式中，教师与学生应形成积极的合作关系，也就是说双方应扮演翻译教学中的合作者。

实行"以学生为中心"的教学模式并不代表教师失去权威性，而是仍要以教师作为课堂活动的引导者，采用多种途径突出学生的中心地位。传统的教学法一般是"以教师为中心"的教学方式，这种教学方式通常"将改错作为教学手段，将教师提供的参考译文作为翻译课的终极目标，不符合真实情况下翻译的本质特点，在一定程度上扼杀了学生学习翻译的主动性与创造性"[2]。可见，传统的翻译教学方式由于过分依赖教师的主导地位，从而在很大程度上忽视了学生的主体地位，也就很难激发学生的积极性，学生不仅没有选择回答问题的权利，而且教师也很难把握及满足学生的真实需求。

"以学生为中心"的翻译教学模式，首先便是让学生在"译"中学习技能。同时，翻译是一门理论与实践相结合的课程，王鸣妹在自己的论文《如何改进英语翻译教学》中提出了"好的理论以实践中获得的材料为依据，好的实践又以严谨推断出来的理论为指导……"[3]的观点。他认为学生在学习英语翻译的过程中要以理论为基础指导，通过大量的实践练习和与参考译文对比来使他们更好地掌握所

---

[1] 朱山军：《关于专业英语翻译教学模式改革的思考》，《教育与职业》，2006年第5期.
[2] 林克难：《翻译教学在国外》，《中国翻译》，2000年第2期.
[3] 王鸣妹：《如何改进英语翻译教学》，《太原城市职业技术学院学报》，2006年第2期.

学的翻译技巧，从而进一步提高翻译能力。

正如黄青云在其论文《翻译观念与教学模式也应"与时俱进"》所说的一样："新的现代教学理念认为，在翻译课上，是先鼓励学生去译，在'译'中学习。也正是因为学生在译的过程中，需综合运用原有的知识经验，查阅工具书以及其他相关资料。"[①]所以，学生可以从新的角度去思考和考虑已学过的内容，并能有时间去理解这些理论和翻译技巧或方法，最终达到掌握相应知识和积累经验的目的。例如：

But I was also struck by something else: that among all those decades'worth of family documents my parents had looked through, the delivery bill was the only thing they thought of sufficient interest to pass along.

译文：几十年来，我们家积累下那么多的单据，仔细看过之后，我父母的唯一有保存意义的就是那张接生费用账单。

在刚开始翻译时，大多数的学生会将document译作"文件、资料、票据"等，但经过认真查阅词典才发现document在英语里的意思是a writing that conveys information。结合这里的语境分析，准确的翻译应为"单据"。

（三）共同参与评价

"以学生为中心"的教学方式要求改变传统的以教师为主体的评价方式，并要实现评价主体多元化，组织学生间、师生间的自评和互评相结合的多层面评价方式。至于如何将评价权利充分赋予学生的问题，则应通过以下几个步骤来实现：

第一，教师应先将学生分成若干个小组。

第二，在完成一种翻译方法或技巧详解和示例后，教师应给学生们布置课前选定的相应翻译练习。

第三，学生完成练习之后，可以考虑进行小组讨论进而评选出能够获得小组成员共同认可的较好译文。

第四，教师检查完各小组译文之后，应对其分别加以评价，并指出这些译文中的翻译较好的部分和不妥之处。

第五，最后教师还应为学生提供参考译文，并鼓励学生指出其中可能存在的不足之处，进而实现师生共同探讨某种译法的效果。

例如：Rocket research has confirmed a strange fact which had already been suspected there is a high temperature belt in the atmosphere, with its center roughly thirty

---

① 黄青云：《翻译观念与教学模式也应"与时俱进"》，《周口师范学院学报》，2007年第7期.

miles above the ground.

教师应给出"通过火箭研究已经证实了人们早就怀疑的大气层中有一个中心在距地面约30英里的高空的'高温带'的这种奇怪的事实"的参考译文。

学生可以根据英汉长句转换原则,将英语的"树状形"结构转换成汉语的"波浪形"结构,也就是将英语长句译成汉语的若干短句的方法,认为参考译文翻译得比较拗口,通过探讨,可以得出较佳译文:

译文1:利用火箭研究,人们证实了早就怀疑的一个奇怪事实,即大气层中有一个"高温带",其中心在距离地面约30英里的高空。

译文2:人们早就怀疑,大气层中有一个"高温带",其中心在距离地面约30英里的高空。利用火箭进行研究后,这一奇异的事实已得到证实。

(四) 重视学生独立翻译能力的培养

"以学生为中心"的翻译教学模式的目的是培养学生独立的翻译能力,而不是只教学生学会翻译某些句子或文章。这种教学模式重视翻译过程,旨在通过教师的指导,帮助学生学会如何理解原文,并且通过恰当的技巧来表达自己的译文。此外,为了树立学生的自信心,教师必须对学生的作业持积极的批改态度。

三、"以学生为中心"教学的活动安排

(一) 开列阅读书单

由于翻译是一项实践性较强的活动,所以在翻译教学的所有阶段都必须重视实践练习环节,翻译课程安排则应以实践活动为主线。但也要重视理论指导实践的重要作用,应当清楚的是,如果离开了科学的理论指导,也就没有办法采取高效的实践活动。所以,为了帮助学生在较短的时间内掌握科学的翻译理论知识,教师向学生推荐阅读书单是一个很好的办法,教师可为学生开列如《翻译简史》《翻译理论与技巧》《中英文化习俗比较》等方面的书籍,学生们可以通过这种方式学会用普遍的原理来处理个别的实例,之后再经过老师的指点,学生就可以将实例接通到理论上去,做到真正的融会贯通。

(二) 多进行笔译、口译练习,消除文化障碍

学习口笔译的学生不仅要具备坚实的双语素养、文化知识和运用翻译策略的技巧。[1]特别是在口译教学中,跨文化沟通认知对学习口译的学生十分重要。许多口译初学者在翻译过程中出现错译或误译,并非是因为他的语言能力欠缺,而是

---

[1] 吴敏嘉:《从跨文化角度看中译英口译教学》,《台湾翻译学研究集刊》,2000年.

因为他遇到了无法解决的文化障碍。所以，只有进行不断的翻译实践，才能消除可能出现的文化障碍。

（三）采用多媒体教学手段

由于语言运用是一种多感官的体验，可以通过不同的媒体或者不同的感官渠道传输语言信息，所以很有必要采用现有的多媒体技术进行英语翻译教学。目前很多的学术讨论会、记者招待会或者国际之间的互访宴会等都会采用同声翻译录像、光碟，在翻译教学中就可以利用这些录像、光碟，来创造模拟的现场效果，从而进行英汉或其他语言的互译实践。

第四节 翻译教学中跨文化意识的培养

一、跨文化意识的概念

跨文化指的是不同民族文化之间的交流与对话。随着经济全球化、政治一体化及社会活动的全面发展，世界各国之间的跨文化交流也越来越频繁，很多有着不同文化背景的人们之间相互交流的趋势也在不断加强，而在这个过程中，语言就成了他们进行交流和沟通所必需的交流工具。由于语言和文化的关系通常是密不可分的，而语言又是文化的重要组成部分和突出的表现形式，因此可以说语言就是文化的载体。反过来，各民族的不同文化又深深地植根于不同的语言之中。

人类的文化交流有着悠久的历史，它从语言的产生到现在，一直通过语言来进行。而不同的文化之间进行交流（跨文化交流）就必须通过翻译来实现。著名作家于冠西先生说过："人类文化从整体来说，是各国、各民族文化汇聚、交流的产物。"可见，如果没有翻译，跨文化交流也就不可能实现。作为跨文化的桥梁，翻译在信息传递的过程中起着非常重要的衔接作用，这也就使得翻译人员的重要性得到充分展现。

跨文化意识（Cross-Cultural Awareness）作为跨文化交际研究的重要内容之一，是指外语学习者对于所学习的目的语文化具有较好的知识掌握和较强的适应能力与交际能力，能像目的语本族人一样来思考问题并作出反应，以及进行各种交往活动。或者说，跨文化意识指的是外语学习者在跨文化交际中所特有的思维方式、判断能力以及对交际过程中不同文化因素的敏感性。在交际过程中，参与者具备这种意识就会受到启发和指导，而不受文化差异的负面影响。在无具体交际事务时，它仍然能够对学习者的学习和思考起着引导作用。

虽然翻译人员非常重要，但是如果译者对语言所承载的文化不甚了解，也就不能准确无误地表达出原句所要表达的意思。因此，多数的译者会在跨文化的交际中促使自己自觉或不自觉地形成一种认知的标准和调节方法，也就是形成一种跨文化意识。也就是说，跨文化意识是译者所特有的判断能力、思维方式以及在交际过程中对文化因素的敏感性。

还有学者认为跨文化意识是人们在进行文化交际中，参与者对文化因素的敏感性认知，他们通常认为跨文化意识分为以下四个层次：

第一，对那些被认作怪异的表面文化现象的认知；第二，对那些与母语文化相反而又被认为是不可思议又缺乏理念的显著的文化特征的认知；第三，通过理性分析从而取得对文化特征的认知；第四，从异文化持有者角度感知异文化。

考虑到不同文化背景的人所习惯的表达方式各有差异，译者除了要具备扎实的基本功之外，还要努力提高自己对文化差异的敏感性，结合自身的判断理解，正确、恰当、忠实地表达出原文所要传达的意图。这种能力和意识的培养对于译者是十分重要的。

跨文化意识的有无或程度的强弱直接影响着交际的质量。众所周知，英语言前已基本上成为一种跨国界的通用标准语言，然而，不同民族文化的交际者在使用英语进行交际时，在语用习惯上仍存在很大差别。因此，参与交际的英语学习者在具体的场合应做到"量体裁衣"。例如，对于坦率、自信的美国人，与其交流的英语学习者的言语中应尽量避免用might等词语；对于办事讲计划、节奏不快的北欧人，与他们交谈时应放慢语速，用清晰详细的字句效果最佳；对日本人，面对不同级别的人时应注意使用不同的称谓；对重修养、讲礼仪的英国人应主动采用礼貌用语等。这些均为在跨文化交际中交际者应有的跨文化意识。可见，对文化差异具有敏感性对跨文化交际有着重要的意义。

二、在翻译教学中培养学生跨文化意识的方法

为培养学生的跨文化意识，教师应在训练学生掌握语言基本功的同时，帮助他们熟悉交际文化因素，并能够深入了解和掌握知识文化的内容。通常在翻译教学中会采用以下几种策略来处理翻译中的文化因素。

（一）重视文化知识

教师在进行翻译教学时，不应忽略文化知识要点的教学，要注意语言和文化知识的结合。课程结束时，教师要对语言知识和文化知识进行一个小结归纳，使学生的语言文化知识系统化。尤其应该注意的是，在期中和期末考试的试题中文化知识的考核应占有相当的比例。

（二）运用灵活的教学手段

在进行英语翻译教学时，教师要灵活地运用教学手段，可采用英语实景电影纪录片、VCD或多媒体等直观教具进行教学，在教学结束后还要组织学生进行讨论。应提醒学生在看纪录片或VCD的时候，注意片中西方人日常生活的情景。例如，餐馆服务员和顾客对话、打电话时的习惯俚语、大街上相遇时的交谈等。看过之后，教师可以和学生交换意见，并通过追忆片景，相互提醒，补充片中的对白、旁白、独白等。这样的教学方式对学生获取基本交际文化知识十分有效。

（三）提高学生的阅读量

教师应根据各年级学生的英语学习程度，在教学中有选择性地、适当地引入一些英语国家出版的涉及这些国家文化内容的书籍、报刊等，将其作为学生的阅读材料，来扩大他们文化知识的宽广度，增加他们对英语国家知识文化了解的深度。也可以通过让学生阅读短篇故事或剧本的方式，要求他们记下其中有意义的文化细节等。事实上，在西方国家，以现实生活为题材的小说、剧本等材料中都包含了大量西方文化方面的内容，对于学生加深对其国家文化的了解很有帮助。同时，提倡学生阅读有关历史、人类学以及社会学方面的书籍，不仅可以帮助学生了解能够体现其他国家文化的具体实例，还能使其掌握一些与文化有关的概念与指导原则，而通常情况下，概念与指导原则往往比实例更为重要，因为他们会给学生提供一个合理的结构，借助这个结构，学生可以更加细致、深入地对本国及别国的文化进行仔细考察。这样一来，学生也就可以用一种比较灵活的态度来尊重、对待这些文化差异，也就不会一味按本国文化的模式看待其他文化。除此之外，一些跨文化交际学方面的书籍可以帮助学生提高对文化差异的理解与认识，这些书籍如《跨文化交际学概论》（胡文仲）、《超越语言》（胡文仲）、《中英（英语国家）文化习俗比较》（杜学增）、《英语习语与英美文化》（平洪、张国扬）、《跨文化非语言交际》（毕继万）、《从翻译史看文化差异》（王克非）等。

（四）合理运用外籍人士资源

合理运用外籍人士资源是指英语的外籍教师作为短期讲学者给学生讲课，或定期请外教、外国专家做相关文化的主题或系列讲座的行为。部分学校常常会举办一些关于社会组织、价值观念、思维模式等有关西方文化方面的报告或讲座，这些活动常常被学生认为实例新颖、生动幽默、趣味盎然，在学生中受到广泛的欢迎，同时也因为这一做法投资少、效果佳，现在已经被证实了是非常适合我国现阶段大部分地区高校实际的优选教学法之一。除此之外，大多数学校都十分鼓励学生与母语是英语的外国人进行个人交往，其原因在于轻松的个人间的交往有助于学生学到许多课堂上学不到的东西。但到目前为止，这样的交往在很大程度上受到各方面条件的限制，因此开展得不够普遍。

（五）将教学内容融入相关的文化

在教学中，教师应结合具体情境将教学内容融入相关的文化知识之中，教师可以利用课前几分钟，讲解英、美国家的有关知识，特别是文化差异方面的知识。例如，在4月1日，教师可以给学生介绍西方April Fool's Day的相关知识，同时也要告诉学生，节日的目的是彼此开心而不是恶作剧。在介绍Thanks Giving Day之前，教师可引导学生将自己了解到的感恩节内容与中国中秋节进行对比；然后，也要指出尽管我们国家没有感恩节，可是我们也要对父母、朋友心存一份感恩之心。Christmas Day是英语国家最重要的一个节日，就像春节是中国人心目中最重要的节日一样，而且两者存在着许多共通之处，如圣诞大餐和除夕团圆饭，接送圣诞礼物和收受压岁钱等。在师生的热烈交流中，学生得以兴致勃勃地重温相应的一些单词、词组，例如Merry Christmas.Santa Claus, Christmas tree, jingle bells, make cards, wrap presents, get presents, give presents, eat turkey, See Grandma and Grandpa, the Spring Festival, lucky money等。

由于培养学生跨文化意识的方法多种多样，不同的执教者所采用的方法也不尽相同，所以取得的效果也就存在着差别。长期以来，国内外研究者对培养跨文化意识有效方法的探讨一直没有停止过。相信随着跨文化交际学、人类学、社会学、社会心理学和教学法等学科研究的发展，人们会探索出越来越好的培养跨文化意识的方法。

参考文献

[1] 赵义森,李广荣,常爱民.英语教学与翻译研究[M].北京:光明日报出版社.2016.

[2] 鲁萍.英语教学与翻译研究[M].北京:光明日报出版社.2017.

[3] 李冰冰.英语教学与翻译理论研究[M].北京:北京理工大学出版社.2017.

[4] 张彬.英语翻译与教学创新研究[M].西安:西安交通大学出版社.2017.

[5] 陈晓红.英语翻译与教学创新研究[M].北京/西安:世界图书出版公司.2017.

[6] 施秀川.商务英语翻译与教学研究[M].北京:北京工业大学出版社.2018.

[7] 高越,张秀英.英语教学与翻译研究[M].杭州:浙江工商大学出版社.2015.

[8] 高苗著.多元视角下的英语翻译教学研究[M].北京:九州出版社.2017.

[9] 黄俐,胡蓉艳,吴可佳.英语翻译与教学实践创新研究[M].成都:电子科技大学出版社.2017.

[10] 黄建滨.英语教学理论系列英语语言与翻译研究[M].杭州:浙江大学出版社.2016.

[11] 康春杰,陈萌,吕春敏.基于错误分析理论的英语翻译教学研究[M].长春:吉林文史出版社.2017.

[12] 陈雪松,李艳梅,刘清明.英语文学翻译教学与文化差异处理研究[M].西安:西安交通大学出版社.2017.

[13] 《中医英语翻译与教学研究》编写组编.中医英语翻译与教学研究[M].北京:世界图书北京出版公司.2013.

[14] 刘柳君，臧国宝，冯华.英语翻译教学研究［M］.长春：吉林大学出版社.2011.

[15] 张瑞娥.英语专业翻译教学交往体系建构研究［M］.上海：上海交通大学出版社.2013.

[16] 薄振杰.中国高校英语专业本科翻译教学研究［M］.济南：山东大学出版社.2011.

[17] 贺春英，徐冰若.外语教学动机理论指导下的文化翻译教学与英语测试模式研究［M］.哈尔滨：哈尔滨地图出版社.2006.

[18] 郭晓燕.商务英语翻译［M］.北京：对外经济贸易大学出版社.2017.

[19] 郑世高，戴卫平.英语语言与英语文化研究文库英语语言功能研究［M］.世界图书出版广东有限公司.2015.

[20] 黄建滨.英语教材研究［M］.杭州：浙江大学出版社.2015.

[21] 邹德芳.基于中医英语语料库的中医英语翻译研究［M］.长春：吉林大学出版社.2016.

[22] 曲巍巍.英语思维与教学研究［M］.北京：北京理工大学出版社.2016.

[23] 北京新东方无忧考研教研中心.考研英语1翻译考点精练2017版［M］.杭州：浙江教育出版社.2016.